大嘗祭の起こりと神社信仰

大嘗祭の悠紀・主基斎田地を訪ねて

森田勇造

三和書籍

各地の悠紀・主基斎田跡

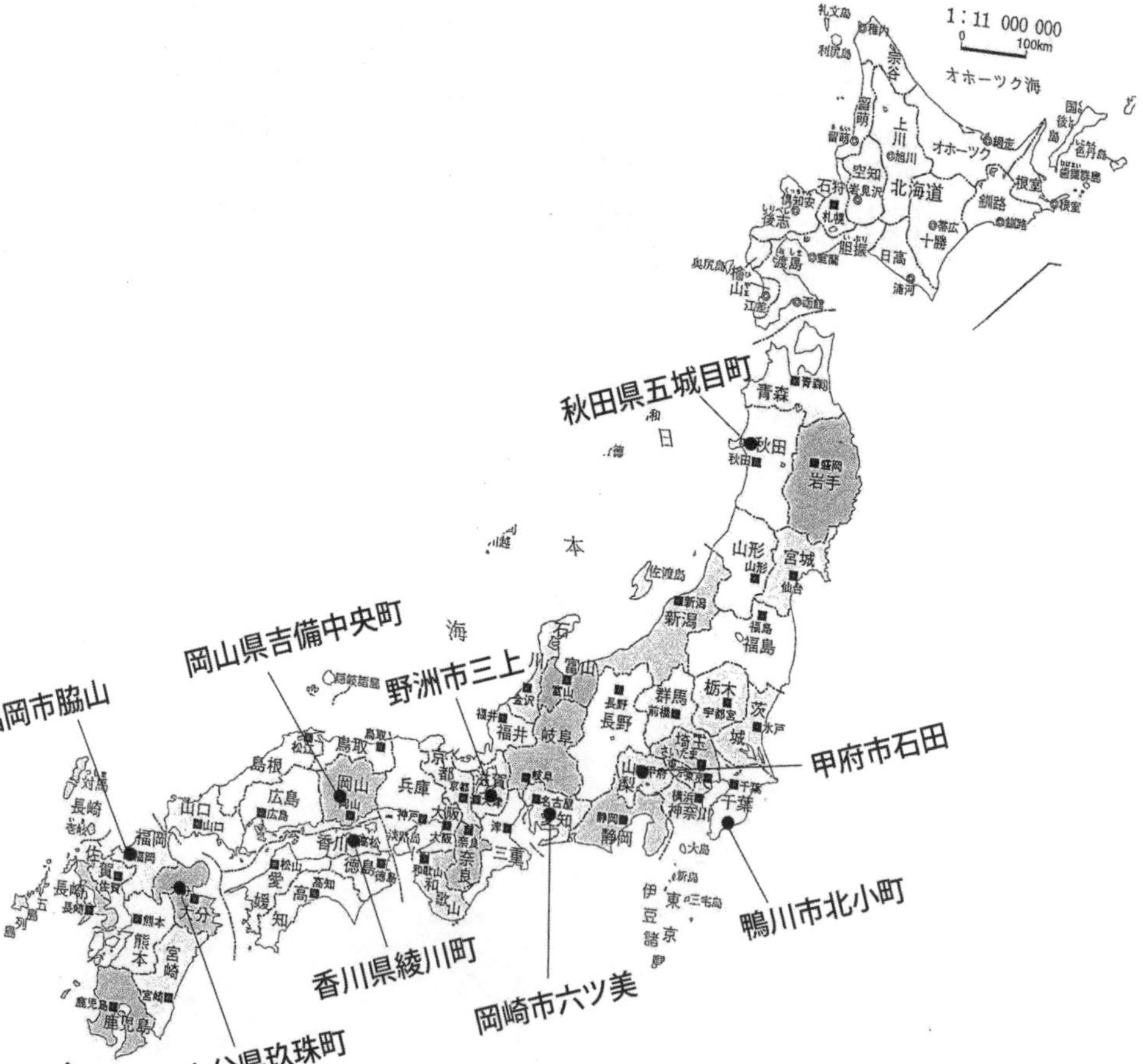
1：11 000 000
0
100km
オホーツク海
日
本
海
秋田県五城目町
岡山県吉備中央町
野洲市三上
福岡市脇山
甲府市石田
鴨川市北小町
香川県綾川町
岡崎市六ツ美
大分県玖珠町

はじめに

明治、大正、昭和の大嘗祭と平成大嘗祭の最大の違いは、昭和二十年を境とする、戦後の日本は民主主義国家へと変わり、憲法二十条「信教の自由」による、〝国及びその機関は、宗教教育その他いかなる宗教的活動もしてはならない〟と、政教分離原則が確立されたことだ。昭和以前の大嘗祭は国家的行事であったが、平成の大嘗祭は天皇家の私的行事へと姿を変えた。しかし、従前通り全てが国費で賄われた。次の大嘗祭も、平成大嘗祭に従って国費が使われることになっている。

その大嘗祭の儀礼に欠かすことができない新米は、その年（七月以降に即位した場合は翌年の二月）に宮中で亀の甲羅を焼いて占う朴占によって朴定される、京より東の悠紀地方、京より西の主基地方の、東西二か所の斎田で栽培されて供納されることになっている。

私は、この半世紀もの間、古代から稲作文化を基盤とする「日本の文化的、民族的源流」を求めて、世界各地を踏査してきた。特に一九八〇年以後は、中国大陸東南部から東南アジアにかけての、稲作農耕地帯を中心に踏査した。その一環として、日本の稲作文化としての天皇制にかかわる大嘗祭に関心を持った。

穀物の収穫を神々や先祖霊に感謝する、一種の収穫祭である新嘗の儀式は世界中、特に稲作地帯には何処にでもあるが、大嘗祭のような儀礼は、日本以外どこにもなかった。しかし、これまでの大嘗祭は、天皇を中心とする皇室側から語られており、大嘗祭のために稲を栽培し、新米を供納した農耕民やその地域に関することは、殆んど知られていなかった。

日本の社会史を文化人類学的、または民族学的に考察する上にとっては、大嘗祭における農耕民の役目やあり様を検証することは大変重要である。そこで、大嘗祭に新米を供納してきた農耕民のその後を知りたくて、明治以後の斎田地を訪ねたので、農耕民、庶民側からの大嘗祭について話を進めることにした。

明治以後の大嘗祭のために、稲を栽培して新米を供納してきた稲作農耕民やその地域の人たちは、自分たちの存在が認められ、天皇、即公共に奉仕する役目を果たしたことに自負心と責任感を持ち、誇りと名誉心に満たされた心地よい意気込みがあった。

人は、特別な使命を負わされることによって、自負心と責任感が強くなり、向上心が高まる習性のある動物でもある。大嘗祭の本当の狙いは、天皇が食料である米を手中に収め、東の悠紀田、西の主基田にかかわった人たちの使命感によって高まる心理作用をうまく利用した、心理的支配の手段であったともとれる。

日本は紀元前の弥生時代から、稲作農業に付随した、新穀としての稲穂を神や先祖霊にささげる〝新嘗《にいなめ》〟の儀礼が続いていた。この新嘗の儀礼は、神人共食の祭礼で、新米を食べる祭り「新嘗祭」と呼ばれるようになっていた。

紀元三世紀頃には、奈良盆地を中心とする「大和王朝」が成立していたが、五世紀頃の古墳時代には、「倭の五王」等と言われていたので、まだ統合された国家ではなかった。しかし、中国大陸や朝鮮半島から文化の流入や人の渡来が六世紀初め頃から始まり、やがて漢字が使用されるようになっていた。

まだ天皇としての主権が確立していなかった、紀元六七三年に即位した第四十代の天武天皇が、天皇の神格を得る秘儀として、新嘗祭を応用して「大嘗祭」を始め、次の第四十一代持統天皇の即位（六九〇年）の時に、大嘗祭の主要な形がほぼ出来上がったとされている。その内容は、奈良、平安時代から千三百年以上も変わることなく今も続いている。詳しくは、後に記す「大嘗祭の起こりと神社信仰」をご覧いただきたい。

毎年行われる新穀を食べる儀式は新嘗祭なのだが、新しい天皇が即位した最初の新嘗祭を、一代一度の儀礼として「大嘗祭」と言う名称に限定し、特に天皇継承儀礼として「践祚大嘗祭《せんそだいじょうさい》」とされている。大嘗祭は、天皇に即位するには欠かすことのできない、皇室儀礼の中では最も重要な儀式であり、天皇制維持や継続にはなくてはならない儀礼である。

天皇家の私的行事である新嘗祭とは違った意味を持つ、天皇即位のお披露目の様な大嘗祭は、食料として最も重要な米を天皇の傘下に置き、稲作農耕民としての庶民を統制する手段として考案された、世界でも珍しい祭礼であると思われる。

日本の天皇制度が千三百年以上も継続する上に、何が必要であったかを考察するに、大嘗祭と呼ばれる稲作文化としての儀礼的な祭事が、食料支配による統合手段として大きな役目を果たしてきたようである。

日本人にとっては古くて新しい社会的課題の天皇制だが、天皇を崇める社会的心理作用は、七世紀以後の大嘗祭によって徐々に培われていたので、十二世紀後半から武士階級が胎動する、権威と権力による二重構造社会になっても強く作用していた。そのため、鎌倉時代や室町時代の武士、頭領にしても、戦国時代の織田信長や豊臣秀吉、徳川家康にしても自らが天皇になろうとはしなかった。日本人の民族的心理により、天皇から征夷大将軍の称号を受けて権力の後ろ盾とした。

民族とは、家族とは、時空を超えて文化的に結びついている仲間であり、過去とは、歴史とは、絆となる文化的結びつきを徐々に培う時の流れなのだ。

世界諸国のいかなる理屈や理論よりも、日本で千三百年以上も継続されてきた大嘗祭は、日本国としての民族統合の永遠の戦略でもある。それが人類史的に正しいかどうかの問題ではなく、これまで具体的に継続されてきたことであり、その結果が、世界で最も安定した、平和で豊かな国であるとも言える、今日の日本のあり様である。

戦後の荒廃から立ち上がってきた民主主義国日本の、アイデンティティーでもある天皇制を、維持、継続するに必要であった大嘗祭が、平成天皇に続いて、新天皇によって、二〇一九年十一月十四、十五日に行われる。

その大嘗祭が、いつ、どのように起こったのか、そして、何故今日まで継続してきたのか、その儀式に欠かせない新米は何処で、どのように作られていたのかなどを知ることは、敗戦国となったが、アメリカの支配から文化的に立ち上がり、独立した民主主義国である日本が、これからいかように国際化しても、安定、継続する上にとっては、大変重要なことだと思われる。

愛知県岡崎市六ツ美地区の祭りの絵

半世紀にわたって世界各地の民族を探訪してきた私には、欧米的、特にアメリカ的民主主義社会の在り方が絶対的真理であり、正しいことだとは思えない。今日まで千三百年以上も続いてきた、日本国の在り方、特に戦後の日本的民主主義は、民族、社会、国家統合に必要な象徴天皇がいる、日本的民主主義社会であり、人類史の中の日本的文化なのだ。その改革、改善はいつの時代にも必要だが、何も欧米化することではない。明治以後の日本は、多くのことを欧米に見習ってきたが、これからは日本らしさを追求し、科学的文明社会の世界的モデルとなることなのだ。

農業立国であった日本は、今では科学技術の発達、発展によって豊かな工業立国になっているが、これからどのように社会環境が変化しても、私たち日本人の生活文化は、自然環境が変わらない限り、大きく変わることはない。

世界的に大変珍しい稲作文化の一種である大嘗祭

と、天皇制をいただく日本の安定、継続との関わりにとって、最も重要な役割を果たしてきた稲、新米が、東西二か所の斎田で栽培されてきた事実を、明治、大正、昭和、平成における四代の斎田地を訪れて立証し、その後のあり様を確認することは、日本の社会史上に必要なことだと思われる。

世界の中で最も歴史が長く、象徴天皇が在位する日本国が、これからも安定、継続する上にとって、これまでの大嘗祭に新米を供納してきた日本人、日本国民の在り方、心意気を少しでも感じてもらえれば、なんらかの参考になるのではないだろうか。

2018年11月13日

目次

1　大嘗祭の悠紀・主基斎田地を訪ねて

(1)民主主義社会になった平成大嘗祭

①激動の昭和を受けて

天皇一代一度の行事で、何十年かに一度行われる大嘗祭は、一般的にはあまり知られていないが、天皇制にとって大変重要な儀礼。今後の天皇制の在り方を洞察する上にとっても大事なことだと思い、明治以後に行われた斎田地を訪ねることにした。

明治時代以前の斎田地は、地域は分かっていても具体的な場所がはっきりしていないが、明治、大正、昭和、平成の斎田地は、記念碑が建立されているので、誰が訪れても確認できる。私は、明治、大正、昭和、平成の東西二か所ずつの八か所と、年代不詳の備中主基斎田地を訪れた。

二〇一九年五月一日に即位する、新しい天皇による次の大嘗祭に最も参考になる、平成大嘗祭における東の悠紀田、西の主基田の斎田地から訪ね、昭和、大正、明治と続けて、写真を添えて紹介する。

平成の大嘗祭は、日本の歴代元号の中で最も長く、六十二年余も続いた昭和の激動時代による、民主主義という利己的で不安定な社会を受けてなされた。平成大嘗祭と昭和以前の大嘗祭の大きな違いは、戦後の日本は民主主義国家となり、憲法二十条によって政教分離原則が確立されたことだ。昭和以前の大嘗祭は、国家的行事であったが、平成の大嘗祭は天皇家の私的行事へと姿を変えた。

一九二六年二月二十五日から一九八九年一月七日まで二十世紀の大半を占める昭和時代は、第二次世界大戦が終結した一九四五（昭和二十）年を境にして、敗戦の痛手から立ち上がる過酷な復興による激動の時代であった。戦後の平和と安全が、先の大戦の犠牲と国民の努力の上に築かれたことは、昭和生まれの日本人なら誰もが承知している。

各地の斎田地を訪れる前に、まず知っておきたい激変した昭和時代とは、どんなことが起こっていたのかの社会史を、年表的に追ってみると次のようになる。

一九二七年の昭和二年は、金融恐慌が起り、庶民の暮らしは不安定を極める。東京では、上野─浅草間の地下鉄道が日本で初めて開業した。この年の五月、昭和天皇が農耕民のことを思い、東京の東宮御所で初めて田植えを始めた。これ以後天皇の御田植えは、年中行事として平成の今日まで毎年続けられている。

一九三二（昭和七）年五月十五日、海軍青年将校の指導したクーデター、五・一五事件が発生し、犬養毅首相が射殺され、政党内閣制に終止符を打った。そして、中国大陸北部に満州国が建国された。

一九三三（昭和八）年には、国際連盟を脱退した。

一九三五（昭和十）年には、天皇機関説が発表され、民衆を驚かせた。

一九三六（昭和十一）年二月二十六日は、陸軍の皇道派青年将校らが国家改造、統制派打倒を目指して首相官邸などを襲撃したクーデター事件が発生。二十九日は無血で鎮定されたが、この後軍部の政治支配が強化された。

一九三七（昭和十二）年七月七日盧溝橋事件が発生し、これをもって日中戦争勃発し、大東亜戦争に突入する。

一九三八（昭和十三）年には、国家総動員法が制定された。

一九三九（昭和十四）年には第二次世界大戦が勃発する。
一九四〇（昭和十五）年、日独伊の三国同盟が成立し、日本はドイツと共に戦うことになる。
一九四一（昭和十六）年、日ソ中立条約が締結されたが、十二月八日にはハワイの真珠湾を攻撃し、アメリカとの太平洋戦争が開戦された。
一九四五（昭和二十）年
三月十日　東京大空襲
四月　　アメリカ軍沖縄上陸
五月　　ドイツが連合国に降伏
八月六日　広島に原爆が投下される
八月八日　ソ連が対日宣戦を布告
八月九日　長崎に原爆投下される
八月十五日　日本はポツダム宣言を受諾して、太平洋戦争が終結し、日本は敗戦国となる。
九月二日　第二次世界大戦終結
敗戦後の日本は、アメリカの植民地状態となり、ＧＨＱの支配を受ける。
この年に選挙法が改正され、労働組合法制定と国際連合が設置された。
一九四六（昭和二十一）年、天皇が人間宣言する。日本国憲法が公布される。そして、紀伊半島沖を震源とするマグニチュード八・〇の昭和南海地震が発生し、四国・近畿地方に甚大な被害をもたらした。
一九四七（昭和二十二）年　ＧＨＱの指令で農地制度改革実施。そのため、日本には田畑の大地主はいなくなった。

一九五〇（昭和二十五）年　朝鮮戦争勃発
一九五一（昭和二十六）年　サンフランシスコ講和条約と日米安全保障条約が締結される。これをもって日本は名目上の独立国となる。

一九五三（昭和二十八）年　NHKが白黒TV放送を開始。奄美群島返還。

一九五四（昭和二十九）年　自衛隊が設置される。

一九五六（昭和三十一）年　国際連合に加盟する。前年イタイイタイ病発生、本年水俣病発生。

一九五七（昭和三十二）年　関門トンネルが開通し、九州が陸続きとなる。

一九五八（昭和三十三）年　東京タワー完成
一九六〇（昭和三十五）年　カラーテレビ放送開始。日米新安保条約締結（六月十五日国会周辺で安保闘争の大きなデモが行われる）。

一九六四（昭和三十九）年　東京オリンピック開催。東海道新幹線開通。四月より海外旅行が自由化し、十一月森田勇造三年間の世界一周旅行に出発
一九六八（昭和四十三）年　東名高速道路開業、小笠原諸島返還。

一九六九（昭和四十四）年　東大安田講堂事件発生。アポロ十一号人類初月面着陸。

一九七〇（昭和四十五）年　大阪で日本の経済力を発揮する日本万国博覧会開催。赤軍派による、よど号ハイジャック事件発生。

一九七二（昭和四十七）年　札幌オリンピック開催。赤軍派によるあさま山荘事件発生。沖縄返還さ

れる。

一九七三（昭和四十八）年　第一次オイルショック発生により、東京の夜が暗闇となる。金融市場の対ドルの交換率が変動相場制に移行する。

一九七五（昭和五十）年　沖縄海洋博開催。

一九七六（昭和五十一）年　ロッキード事件発生で、元首相が逮捕される。

一九七八（昭和五十三）年　第二次オイルショック発生。成田空港開港。日中平和友好条約を締結。

一九八三（昭和五十八）年　東京ディズニーランド開園。ファミリーコンピューターが発売される。

一九八五（昭和六十）年　つくば万博開催。日本航空１２３便墜落事故発生。五百数名が死亡。

一九八八（昭和六十三）年　政財界の贈収賄であるリクルート事件発生。青函トンネルが開通し、瀬戸大橋が開通したので、日本の四つの島が陸続きとなる。

一九八九（昭和六十四）年一月七日　昭和天皇が崩御され、平成に改元する。

立憲君主国日本は、明治・大正・昭和にかけて、軍事的、政治的、経済的に世界の大国となったが、第二次世界大戦における大東亜戦争、特にアメリカとの太平洋戦争に負けて、国土は荒廃し、国民は大変な苦労を強いられた。しかし、昭和二十年の敗戦から僅か二十年足らずで民主主義国日本として復興し、昭和三十九年には、アジアで初めての東京オリンピックを成功裏に開催した。

その後順調に発展し、昭和五十年代には世界一とも言われるような経済大国になった。

しかし、社会的には自由・平等・権利を重視する民主主義教育によって、利己的な思考が強くなり、社会意識が弱くなって金権主義がはびこり、人間疎外感が広がった。

一方、昭和三十四年から日米安全保障条約に反対する〝安保闘争〟が始まり、若者たちのイデオロギー闘争が強くなって、東大の安田講堂事件を初めとして、赤軍派によるハイジャック事件やあさま山荘事件などが発生した。その後も、全学連、革マル派や中核派、全共闘など、若い世代の思想運動は続き、天皇制を否定する者がいたり、日の丸の国旗を焼いたり、国旗掲揚や国家斉唱に反対する者さえいるようになった。

戦後四十四年間戦争のない平和な国で、経済的には大国になったが、利己的な人が多くなり、刹那的、快楽的、耽美的、金権的な発想による個人主義的になった。そして貧富の差が強くなって、社会的には不安定な状態で、反社会的な動きをする若者が多くなってきた。そんな社会状況の下に平成時代を迎えた。戦後の民主主義国になって、新憲法の定める「政教分離」の原則との絡みで、大嘗祭に賛否両論があり、国会で国家的事業ではなく、天皇家の私的行事であると定められた。しかも、昭和二十二年の農地改革によって、殆どの農家が一町歩（一ヘクタール）前後の水田を所有するように平均化されていたので、豪農はいなくなっていた。

ここで言う農地改革とは、第二次世界大戦後の昭和二十二年、民主化の一環としてＧＨＱの指令で行われた農地の所有制度を改革する農地制度改革のことで、不在地主の小作地全部と、在村地主の小作地のうち都府県で平均一町歩（約一ヘクタール）、北海道で四町歩を超える分を国が地主から強制買収して、小作農に安く売り渡した。この改革によって、田畑の小作地の八〇パーセントが解放され、日本には田畑の大地主はいなくなった。

明治、大正、昭和までの大嘗祭では、各地の大地主の田が斎田地に選ばれていたが、平成大嘗祭では大地主はいなくなっていた。しかも、国家的事業であった昭和大嘗祭までとは違う、天皇家の私的行事として初めての平成大嘗祭が執り行われることになった。

②悠紀斎田地五城目町（秋田県）

平成二年二月、宮内庁は亀卜によって東の悠紀斎田を秋田県、西の主基斎田を大分県と点定されたことを各地方に知らせた。

東北地方で初めての悠紀斎田だが、昭和大嘗祭と平成大嘗祭とは政教分離政策によって世相が変わり、共産党やキリスト教徒など、兎に角異論を申す者が多くなっていたが、地元では重要な儀式に非礼があっては申し訳ないと、それぞれの関係団体が連携を図り、準備を万端に努めた。

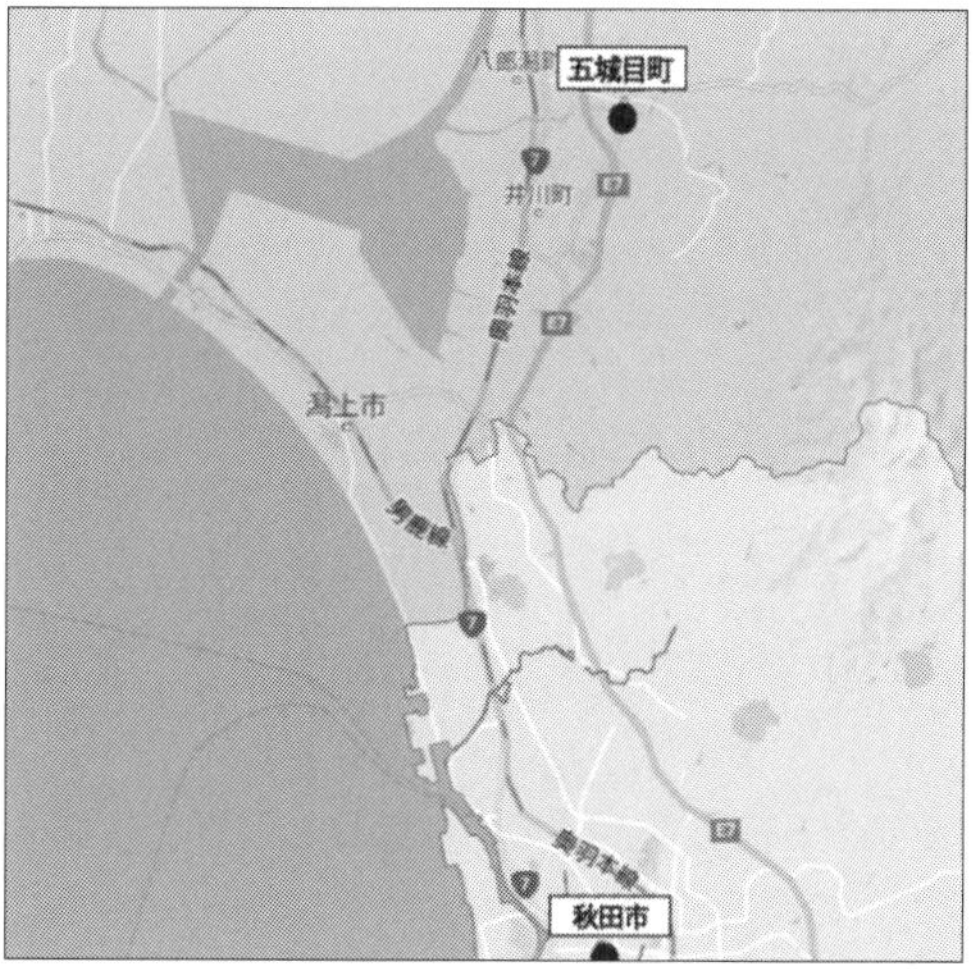

昭和二十年の敗戦後、しかも農地改革後初めての平成大嘗祭であり、政教分離政策で県主導はできなくなっていたので、昭和大嘗祭以前とは違って、斎田となる大田主の選定が複雑になっていた。

指名を受けた秋田県は、過激派の妨害を恐れ、神社庁系と農協系が七か所を選定し、密かにお田植えをした。関係者が最も頭を悩ましたのが極左ゲリラだった。案の定、七月九日に県の護国神社が、放火により全焼。中核派が犯行声明の中で、秋田県が悠紀斎田を受け入れたことを許しがたい行為と非難していたので、県は神経を尖らせていた。

斎田の選定や儀式は、これまで知事が主役であったが、住民訴訟が起きるのを警戒して県は農協や県神社庁と宮内庁との仲介役に徹し、米も献上品から宮内庁が買い取ることになったという。

私は、その秋田県五城目町を訪れるため、平成三十年六月四日、東京駅午前七時三十六分発秋田駅行の新幹線こまち三号に乗った。秋田行の新幹線は初めてだったが、九時五十分に着いた盛岡から西に折れて山の中を走った。やがて仙北地方に出て角館、大仙と線路沿いに水田の広がる地帯を走り、秋田駅には十一時二十五分に着いた。十一時三十九分に奥羽本線に乗り換えて、八郎潟駅に十二時十四分に着いた。駅を出ると空は晴れ、夏の日差しがあり少々暑く汗ばんだ。駅前はバス停があるだけでタクシーはなく、人出もなく、殺風景な淋しい雰囲気であった。今朝早かったので、まず腹ごしらえをと思い、食堂を探したが見当たらない。ただ一か所駅近くに喫茶店があった。よく見るとランチと表記してあった。中に入ってラーメンを食べて駅に戻り、五城目町役場の町づくり課の工藤博亨《ひろみち》係長に電話した。東京から五城目町役場に電話して、悠紀斎田の件を尋ねると工藤さんが対応してくれ、案内してくれることになっていた。

間もなく車で迎えに来てくれ、役場に案内されて、二階の会議室でいろいろ資料・特に当時の新聞報道のコピーを渡してくれ、簡単な説明をしてくれた。

県の農協中央会は、宮内庁に五城目町の伊藤容一郎（当時五十一歳）さんを推薦していたが、神社庁系は護国神社が放火されたこともあって不安を感じたのか、宮内庁は農協系に決定した。八月二十三日に農協中央会から伊藤さんに打診があった。伊藤さんは「あまりにも畏れ多いことで、一晩かけて家族

抜き穂儀式の会場（五城目町広報課による）

と相談した上、一生懸命頑張ってみようということで受諾します」と返答したそうだ。そして、八月二十五日に秋田市の県農協ビルで記者会見を行い、斎田主は五城目町大川石崎沿田の伊藤容一郎で、斎田面積十五アール、銘柄は「あきたこまち」。「斎田抜穂の儀」を九月二十八日午前十時から行うと、突然発表した。

明治・大正・昭和とお田植え祭りから始まり、歌や踊りを作って地元は七・八カ月もかけて奉納米を作ってきたが、平成大嘗祭では不安定な社会情勢もあって何か所かでお田植は密かに行われたが、お田植えのお祭りもなく、伊藤容一郎さんの田が突然悠紀斎田に指定された。

大田主の選考過程については、①心身ともに健全、②あきたこまちに熱心に取り組んでいる、③農業を通して指導性を発揮しているなどの点を理由に、県の農協中央会は最終的に、全県から伊藤さんに絞って推薦した。

伊藤さんの家は三百年前から代々続く農家で、妻・

白張黄単の奉行者たち（町広報課による）

篤子（当時四十五歳）、両親、子ども三人の七人家族。稲作農耕面積は三・二ヘクタール。

彼は金足農業高校を卒業後農業に従事しながら県指導農業士・五城目町農協理事として地域の農業リーダー役を務め、保護司、生涯学習奨励員として地域に貢献している。趣味は洋画で日展会員。

彼があきたこまちを作付けし始めたのは昭和六十年からだが、県農業試験場が新品種候補としてあきたこまちがまだコードネーム「秋田三十一号」と呼ばれていた頃の、開発中だった昭和五十年代後半から栽培試験を行っていた。

家訓は「毎日をきれいに暮らし、きれいに米をつくること」だそうで、県良質米共励会で知事賞を受賞したこともある。

このような経過で伊藤さんの田が斎田に決まると、周囲はその日から高さ三メートルほどの杭が、一メートル間隔で立てられて、しかも金網が張られて物々しい警備が始まった。突然のニュースで、地元

大田主の伊藤さんたちによる抜穂の儀式（町広報課による）

住民は不安と喜びが入り混じった複雑な表情であったが、儀式が終わるまでしっかり協力しようと、全体的に冷静であった。

九月二十七日、儀式参加者の身を清める「抜穂前一日大祓《おおはらい》」が、斎田近くに設置された、祓所《はらいしょ》で営まれた。大祓は、抜穂の儀に参加する人々が知らず知らずに犯した罪、咎《とが》、穢《けがれ》などを、近くの馬場目川で白布に移して流すお祓い儀式。

県警は八月二十五日から四百人態勢で斎田周辺を中心に警備に入り、斎田の四隅には消火器を持った警察官が二十四時間目を光らせていた。

一方、九月二十七日から二十八日にかけては、東北の他県警から応援二百人を含め、最大千人の警備態勢で関係者、施設周辺の警備や、県境での検問、飛行場や駅などに制服、私服の警察官を配置した。馬場目川にはボート二艘が配置され、空からは県警のヘリコプターも警戒にあたるなど、二重三重のチェックを行った。

抜穂を神前に供える伊藤さん（町広報課による）

大安吉日を選んで行われた九月二十八日の抜穂の儀式は午前十時から始まった。まず斎田が清められ、穏やかな秋空の下に儀式を司る天皇陛下の使いである抜穂使《ぬきほし》が祝詞を述べた後、伝統装束の白張黄単《はくちょうきひとえ》に身を包んだ大田主の伊藤容一郎さんと、親族らで構成する白張姿の奉耕者九人が、大田主を先頭に斎田に入った。

斎田の周囲は斎竹と注連縄《しめなわ》が張り巡らされ、斎場のテントの下には床板を敷いた神殿や稲実殿などが設置されていた。

斎田に入った大田主と奉耕者は四組に別れて鎌であきたこまちを一掴みずつ刈り取り、四つに束ねた。それを三方にのせ、大田主の伊藤さんを先頭に並んで斎田に隣接する、黒と白の幕で囲った斎場の神殿に運んだ。そして、抜穂使の確認を得て、神前に供え、午前十一時には抜穂の儀式は終了した。

大変厳しい警備にもかかわらず地元の人々約二百五十人が、馬場目川反対の岸から遠回しに見守り、報道陣は約百人が取材に当たった。中にはドイツやアメリカの記者もいたそうだ。

午前の抜穂の儀が終わり、午後からいつもの作業服に着替えた大田主の伊藤さん自ら運転するコンバインで、十五アールの斎田を丁寧に刈り取った。

斎田で収穫された籾は伊藤さんの家で乾燥させた。九月二十九日の夕方から、近隣集落の農家の協力を得て籾を選別した上で籾摺作業をした。翌三十日には、新たに購入した精米機で終日精米作業を行い、最後は妻の篤子さんと二人で被害粒を一つ一つ手ではじき、ベストの状態に仕上げる整粒に努めた。

宮内庁に米を送る十月一日の朝九時過ぎに、秋田食糧事務所の検査官二人が来て検査をし、米は全て一等米とされた。そして、県農協中央会職員らも手伝って玄米七・五キロ、精米二百十キロを白い木綿の袋に入れ、特注した秋田杉の木箱十一個に分けて詰め込んだ。

午後一時十分、伊藤家の玄関先で、家族や奉耕者、親類、農業団体の代表者らが参列し、無事に米が届くことを祈願した後、同三十五分に、覆面パトカー二台に護衛されたトラックが秋田空港に向けて出発した。米は午後四時十分発の全日空878号便羽田行きに積み込まれ、夜には宮内庁に無事納められた。

宮内庁では十月中旬の輸送を希望していたが、伊藤さんらの精神的負担や警備上の問題も考え、出来るだけ早く送ることにしたそうだ。

新聞の切り抜きコピーを見ながらの説明を一時間くらい受け、午後一時半に会う約束になっていた伊

伊藤さんの家の土蔵

藤さんのお宅に車で案内してもらった。

伊藤さんの家は古風な家で、庭の横には土蔵があり、壁は白と黒色であった。玄関のガラス戸の上には注連縄が張ってある。工藤さんがガラス戸を開けて呼びかけると、長袖の白シャツとグレーのズボンをはいた頭の禿げ上がった眼鏡をかけた老人が出てきた。工藤さんが前もって電話をしてくれていたので、老人はニコニコしながら我々を中に招き入れた。私たちは靴を脱いで座敷に上がり、仏壇前の部屋に案内され、テーブルを挟んで座り、名刺交換をした。

伊藤容一郎さんの名刺には、二〇〇九年第四十一回日展に出展した〝みず田の春〟というお田植えの画が印刷されていた。趣味は水彩画だそうで、画伯でもあるようだが、笑みの絶えない穏やかな表情だ。なんでも昭和十四年二月生まれで、七十九歳になったという。

木造の家は百年近く前の建造で、柱や板が黒光りしており、伊藤さんは仏壇を背にして座っていた。いろいろ質問をしているうちに奥さんの篤子さんが、お茶と饅頭を出してくれ、伊藤さんの横に座った。彼の話す内容は工藤さんが新聞のコピーを見ながら話してくれた内容と重複していたが、一応確認も兼ねて尋ねた。

伊藤さんは県の試験場から頼まれて〝秋田三十一号〟という稲を昭和五十六年から作っていた。やがて、早稲で作りやすく味の良いこの稲に試験場の人が「こまち」と名づけた。そして昭和五十九年九月七日に「秋田こまち」として発表した。伊藤さんは秋田こまちの育ての親の一人であり、その後も作り続けていることもあって、斎田に選ばれたのだろうと言った。

伊藤さん夫婦

大嘗祭の悠紀斎田の奉納米として世に知られて大宣伝になったこともあり、その後は〝あきたこまち〟の名称が秋田県産米の代表格になり、今では全国的なブランド米になっている。

伊藤さんは、選ばれた理由を良く知らされていなかったが、八月二十三日に農協から突然に伝えられ、八月二十五日には公表されたこともあって、何の準備もなく短期間に対応したので、九月二十八日の抜穂の儀までは精神的に大変辛かった。今では無事役目を果たして名誉に思い、天皇を身近に感じていると言っていた。

仏壇横の欄間には、宮内庁長官名による奉納米・精米二百十キログラム、玄米七・五キログラ

ムを大嘗祭の節御供進になりましたという、平成二年十一月二十四日付の額が飾ってあった。

米は宮内庁に買い上げてもらい、恩賜として銀杯と銀製のかんざしをもらったそうだ。

斎田の現場を見せてもらうことになって家を出た。伊藤さんの案内で工藤さんの車で水田の中の道を二〜三分走って、馬場目川の堤の近くに止まった。

一・六アールの広い水田は、本年五月中旬に田植えされ、もう二週間もたった苗が植わっていた。その田の角に高さ三十センチ、幅二十センチほどの半球体の安山岩が置いてあった。半球体の表面には〝平成大嘗祭悠紀斎田〟とだけ書いてあり、殆ど目につかない。

「こんなに小さいと、殆ど気づかれないですね」

私が伊藤さんに尋ねると、「記念碑は別の場所にありますので、案内します」とのことで、再び車で二分ほど走り県道に出た。そして、先程の石とは反対側の田の端近くの広場に、大きな安山岩の石碑が立っている所に着いた。

高さ二・五メートル、幅一・五メートルもある安山岩の立派な石碑には、〝平成・悠紀の里〟と大書されていた。

斎田地の記念碑・伊藤さんと著者

この石碑建立の謂れの大略は次のようである。

〝平成の大嘗祭に献饌される米を作る悠紀の国が秋田県に決まり、県下十万農家が観視のなかで、わが町の伊藤家のみならず、わが五城目町民も最高の栄誉と喜んでくださいました。　中略

今米をめぐる情勢は極めて不透明ですが、二千年の歴史を持ち、米作りによって培われた文化に想いを致し、今後共名誉ある悠紀斎田を契機として益々農業の尊さを再確認いたし、子々孫々にこの意を伝え、平和で稔りよく住みよい郷土の築かれんことを祈りながら、今日悠紀の里記念碑の建立を行う〟

とあり、多くの方から多額の寄付があり、総工費八百三十三万五千円で、平成四年四月二日に建立されていた。

なお、秋田県は、平成三年から、悠紀の国に選ばれた栄誉と感激を末永く後世に伝えると共に、稲の振興を改めて考える契機として、この奉祝事業を継続している。そして、毎年の新嘗祭に新穀を伊勢神宮や県

「悠紀の里」記念碑・伊藤さんと工藤さん

内神社に奉納するため、「新嘗祭献穀田」を設け、県内十三支部が持ち回りで、御田植え祭りを実施しているそうだ。

私たちは碑の側で記念写真を撮って、伊藤さんと別れ、私は工藤さんに駅まで送ってもらった。そして、再び秋田駅に戻った。

私の古い友人に秋田県湯沢市稲庭町出身の弁護士永田晴夫君がいる。東京在住の彼に、秋田に行く旨を伝えると、秋田市に面白い男がいるので会うように紹介されていた。

午後四時四十分、秋田駅で会ったのは、ヒューマンクラブ副会長、「原点」編集長の肩書きの名刺をくれた武藤琢司さんだった。

彼の義父は、当時、秋田県の神社総代会長で、宮内庁から本県神社庁が要請を受け、極秘裏に細心の注意を払い、秋田市内の雄和町にある田んぼを悠紀斎田として「あきたこまち」を植え、献上に備えていた。

県広報誌のコピー

ところが、七月九日に過激派によって護国神社が放火され、全焼したこともあり、突然に悠紀斎田の進行がうやむやになってしまい、何が何だか分からなくなっていたところ、八月二十五日に五城目町の伊藤容一郎さんの田が斎田に決定したとの報道が突然にあった。

駅近くの居酒屋で飲みながら、当時の話を聞いたのだが、武藤さんは、今は亡き義父の心労が絶えなかったことを思い、未だにその理由がよく分からないと不満顔であった。

武藤さんと会って、何故伊藤さんの田が悠紀斎田に突然指定されたのかの理由が分かった。その旨を武藤さんに伝えたら「そうですか」と言って、しばらく黙っていた。彼は宮内庁のやり方に対する長年の疑問・不満が少しは解消したのか、少々明るい表情になった。

私は六時前に彼と別れ、秋田空港八時十分発のANA256便で東京に向かった。

③主基斎田地玖珠町（大分県）

平成二年二月八日、皇居で「斎田点定の儀」があり、東の悠紀斎田に秋田県、西の主基斎田に大分県が選択され、各県に通達があったことは既に述べた。

平成大嘗祭の主基斎田地であった大分県の斎田地を訪ねようと計画している時、〝平成三十年六月十四日、午後二時から、大分県玖珠町で、平成主基斎田三十年祭〟が開催されることをインターネットで知った。

早速、十四日（木）午前七時二十分羽田発のＡＮＡ便に乗り、福岡空港には九時十五分に着いた。そして、国際空港前から十時八分発湯布院行きの高速バス〝ゆふいん号〟に乗り、玖珠町に十一時二十分に着いた。

東京から玖珠町役場に電話をして主基斎田の件を尋ねると、農林振興課に振られ、農政係の穴井良治さんが対応してくれた。彼に現地訪問の件を伝えると、高速バスの玖珠インターのバス停で出迎えるので、是非来てくださいとのことだった。

東京、福岡、玖珠と来たが、天気は良かった。高速道路を下りたバスは、二百メートルほど離れたところにコンビニがあるくらいで、何もない山間の停留所に止まった。間もなく四十歳前後の男が歩いて近づいてきた。

斎田での田植え（コピー）

「穴井さんですか」

私の方から声をかけると、「そうです。森田さんですか」と言って名刺交換をした。彼の案内でコンビニの駐車場まで歩いて、車の中から主基斎田に関する当時の新聞報道のコピーや〝玖珠郡史談〟の第四十八号などの資料を渡してくれた。

祭事は午後二時からで、まだ少々時間があった。私は資料にまず目を通した。十日前に訪ねた秋田の悠紀斎田のことを思い重ねながら当時の主基斎田の内容を追った。

昭和三年以来六十三年ぶりの平成大嘗祭は、「政教分離」を主張する団体や過激派の反対運動などがあって、社会情勢は不安定であった。

戦後の民主国家になって初めての大嘗祭だが、国会で皇室儀式と規定されたので、県が直接に指揮管理することが出来なくなり、県より委任を受けた県農協中央会や大分県神社庁などが、県下十五か所の神饌田を発足させ、各地とも地鎮祭やお田植え祭など規定通り

抜穂の儀奉仕のため斎場に向かう抜穂使と随員（コピー）

に進行し、本命の主基斎田の決定はされないまま秋を迎えたとある。

その前に大嘗祭反対を叫ぶ過激派の動きがあり、厳戒態勢に入った。しかし、七月には秋田県護国神社が過激派に放火されて全焼し、八月十四日未明には、大分市の県農政部長宅が発火装置付きの火炎瓶によって放火されたので、警備が一層厳しくなった。

十五か所の候補田は注目されぬように鳴りをひそめ、耕作と管理に万全を期し、各耕作者は全神経を集中して苦労を重ねていたが、九月二十九日に、玖珠町小田地区の穴井進（当時五十六歳）が斎田主に決定された。

具体的な選考は九月に入ってからで、条件として、危険がからむので大田主となる人の自覚が大切。そして、大分県の銘柄米を作っている人、専業農家、地域のリーダーであること、付近の農作業に支障がないなどを考慮して、穴井家の田が農協系ではなく神社庁系から選定されたそうだ。

穴井さんが玖珠郡神職会から決定の知らせを受けた

斎田と抜穂の儀式会場（コピー）

のは、九月二十九日の夜であったが、すぐに穴井家と斎田に警備が張られ、集落ぐるみで警備網がかけられたので、穴井家だけでなく地区民も驚かされたそうだ。

穴井家は、奥さん、長男、それに母親の四人暮らしで、水稲八十五アール、葉タバコ百七十アールを耕作し、裏作として大根百二十アールを栽培する複合経営の四代続く専業農家だが、決して大きな農家ではない。

穴井家の田は、平成二年五月末に神饌田に選考され、一反五畝（十五アール）に、六月十四日に農林二十二号である〝とよむすめ〟を植えてお田植祭をした。そして灌漑水の清浄や温度管理に気を配り、無農薬で栽培していたとのこと。

十月六日午前十時、主基斎田と大田主の公式発表を受けて、大分県警は他県の協力も得て、警察官千人体制で二十四時間厳戒態勢に入った。

穴井進さんの手記によると次のように記されている。

〝平成二年春、大分県が大嘗祭主基地方に選定され、県内に奉祝田を十数か所選ぶので玖珠郡ではあなたのところにとお話しがありましたのが始まりでした。
六月十四日、玖珠郡の全神職さん達が御奉仕し、玖珠の主たる人々が参列し、華やかな早乙女さん達が慣れぬ手振りで稲を植えていく姿は、集まった近辺の人々から拍手が沸き起るくらいでありました。秋になり、私の奉祝田が斎田に決定され、大変な警備の中「抜穂の儀」が斎行されました。〟

奉祝田での抜穂の儀式（コピー）

大嘗祭に反対する勢力によって、斎田に対する妨害工作、耕作者と家族に対する人身事故や破壊・放火などがあり、斎田よりの米が「供給不能」の事態にいたらぬよう、物々しい警備が張られた。

そして、十月九日には大田主と奉耕者十名らの身を清める大祓の儀があった。翌日の十月十日は快晴で、宮内庁からの抜穂使を迎え、大田主と奉耕者らによる抜穂の儀式が行われた後、斎田の稲が全て刈り取られた。

その後、脱穀、籾の乾燥、精米、選粒米などがされた。大田主は供納米を安全に早く届けることが何よりなので、出来上がるとすぐに送り届けたかった。米は十月十三日に玖珠町から午前六時半にトレーラを含め車五台で運ばれ、二時間半後に大分空港に着いた。そして十時発の便で東京に送られた。

大田主の穴井進さん

大田主による抜穂の儀（コピー）

供納された主基斎田の米は、精米二百六キロ、玄米七・五キロであった。

空港の送迎デッキで飛行機を見送った大田主の穴井進さんは。「これで安心、ゆっくり眠れます」と大役を果たしてほっとした表情であったそうだ。

午後一時過ぎに、三十年祭が行われる、玖珠川近くにある瀧神社を訪れ、穴井さんから前神主の穴井伸久（七十歳）さんの、紹介を受けた。彼は当時のことをよく覚えていた。その後、穴井さんは役所に戻った。

玖珠町小田地区は、万年《はね》山北麓にある稲作地帯で、昔からよい湧き水があっておいしい米が生産されていた。玖珠は至る所に温泉があるが、大分県内では玖珠米として有名である。その米の大半はここ小田地区で生産されているそうだ。

私は、穴井さんに斎田場所を見たいと申し出たら、すぐ近くだと教えられたので、一人で田舎道を歩いた。神社から五百メートルも山の方へ進むとゆるい坂道になり、立ちあおいが咲いている棚田の中の道や畔を歩いて上った。

斎田地の記念碑と著者

小さな水路には清い水がはじけるように流れており、水田には水が十分張られていた。十分も歩くと、棚田に〝平成大嘗祭主基斎田〟と彫り込まれた四角の石柱が立っていた。斎田の地には一週間ほど前に田植えされていた。そこで記念写真を撮って、二時前に神社に戻ってきた。

午後二時過ぎから、瀧神社の入り口に平成四年二月に建立された、「平成大嘗祭主基地方之碑」と大書された記念碑の前で、村人たちが大勢集まって、今上天皇三十年を祝い、豊穣祈願祭の式典が行われていた。

碑の周囲には注連縄が張り巡らされており、両側には柿色や緑、濃紺色の旗が吊るされている。碑の前で神官が祝詞を上げ、御幣でお祓いをした。そして、大田主であった穴井進（八十四歳）さんをはじめ、村人の主だった十人位が、玉串をうやうやしく捧げた。実は、前神主の穴井伸之さんから、玉串を捧げるように言われていたが、十分理解しておらず、取材で撮影していたこともあり、私の名前も呼ばれたそうだが、聞

30周年祭における記念碑前での豊穣祈願（平成30年6月14日）

き取れずに失礼した。

祈願儀式は三十分程で終わり、参加者全員に、〝御饌米　玖珠郡豊穣祈願祭〟と柿色文字で書かれた、白い角封筒に入ったお祓い米が配られ、私もいただいた。

その後、当時の記念写真が野外の参道に展示されているのを見た。一般の人は斎田行事を近くで撮影できなかったので、警備に当たった警察官が記録用に撮った写真の展示であった。私はその展示された写真を資料用に撮影した。

写真展示場で穴井進さんに会った。話しかけたが、彼は耳が遠くなっており、会話がうまくすすまなかった。主基斎田のことを尋ねたが、口ごもってはっきり聞き取れず、お願いして撮影だけさせてもらった。

午後三時頃から神社の特設舞台で風俗舞奏が四十分ほどあった。そして、午後五時からは、屋根のある土俵の上につくった特設舞台で、奉納芸能として玖珠神楽が披露された。その後、九重ひょっとこ踊り保存会による〝ひょっとこ踊り〟なども披露され、八時す

穴井伸久さん

瀧神社豊穣祈願祭の会場

ぎまでにぎやかであった。

私は、瀧神社の来賓舎に泊めてもらい、三日月の滝温泉に入ることもできた。瀧神社は平安時代からの古い神社で、広い敷地があり、娯楽施設も温泉もあった。

瀧神社の宮司さんの名字が古くから穴井であったので、明治二年に日本の全家族に名字が必要になり、この地域の家族は大半が穴井家を見習って名乗った。そのため、玖珠には穴井の姓が多いのだそうだ。

神社の近くには食堂がなく、夕食には立派な弁当を取ってくれたし、翌朝食は、美味しい玖珠米のおにぎりと味噌汁、漬物をいただいた。

神社の方には何も知らせず突然の訪問であったが、祭事で忙しい中歓待してくれ、感謝に絶えなかった。穴井伸一さんはまだ七十歳なのに、二年前に息子さんに宮司を譲って、今は隠居の身だと笑っていた。翌朝早く、お礼を述べて去った。そして、朝七時五十分発の高速バスに乗り、福岡に戻った。

玖珠米の朝食

(2)大国になった昭和大嘗祭

①華やかな大正を受けて

昭和の大嘗祭は、文明開化の明治時代を継いだ華やかな大正時代を受けてのことなので、まず初めに、大正とはどんな時代であったかを、簡単にでも知ることが必要だろう。

明治天皇崩御を受けて、一九一二年七月三十日から新しい天皇が即位し、大正と改元され、大正時代が始まった。この大正時代はわずか十五年であったが、大正デモクラシーと呼ばれたように民主主義が発展し、人類最初の世界大戦（第一次大戦）における戦勝国となり、日本国内外の発展・拡大により、名実共に世界の大国となって、社会的には華やかな時代でもあった。

大正三（一九一四）年七月に多様な民族・宗教が集まったヨーロッパ大陸のバルカン半島から始まった第一次世界大戦は、同盟国側（ドイツ・オーストリア・イタリア）と連合国側（イギリス・フランス・ロシア）に別れて繰り広げられたが、日英同盟を結んでいた日本は連合国側の一員として参戦した。大正七年十一月、オーストリアとドイツが連合国との間に休戦協定を成立させ、第一次世界大戦が終結した。翌年大正八（一九一九）年四月のパリ講和会議で、中国大陸の山東省におけるドイツ利権を日本が継承することになり、五月のパリ講和会議で、赤道以北のドイツ領南洋諸島の委任統治を日本に委託された。そして、大正九年一月に国際連盟が発足し、日本は常任理事国として加盟した。

大正七年八月、一九一七（大正六）年三月に起こったロシア革命への干渉を目的とするアメリカの要請に従って、シベリアへ出兵していたが、大正十一年六月にシベリア派遣軍の撤退を完了した。

世界大戦の影響を受けて日本の商品輸出が急増し、経済的にはバブル状態になって、国内の物価が上昇した。米の価格が高騰し、大正七年八月には米騒動が全国各地に波及。政府は米の安売り政策などにより騒動は沈静化した。

大正に入って女性の社会進出が多くなり、婦人解放運動が起った。そして、女性が就く職業が教師や医師、薬剤師や事務員、エレベーターガールなどのように多様になった。大正九年二月から始まった、東京市街自動車の女性車掌の真っ赤な襟に黒のツーピースというハイカラな衣装が話題になった。職業婦人が新しい時代の象徴とされるようになり、社会に大きな変化を起した。

大正十二年九月一日、相模湾で起こったマグニチュード（M）七・九の「関東大震災」が東京中心に千葉・埼玉・関東各県に甚大な被害をもたらした。この災害を機に、東京の新しい街づくりが始まった。

大正十四年五月には普通選挙法が公布され、二十五歳以上の男性は税金を払わなくても無条件に政治に参加できるようになった。そして、明治維新以後続いていた幕藩政治から憲法を守って政治を行う護憲運動が発生し、政党を基礎にした政党政治が行われるようになった。

日本は明治維新後、僅か半世紀余りで欧米先進国に肩を並べるまでになり、世界からアジアを代表する大国と認められるようになった。

大正十五（一九二六）年十二月二十五日、葉山で静養中の大正天皇が崩御され、三十分後には摂政裕仁親王が新しい天皇に即位された。改元された昭和元年はわずか七日で、昭和二年から始まるが、昭和天皇の践祚大嘗祭は、昭和三年十一月に行われることになった。

②悠紀斎田地野洲市三上（滋賀県）

昭和三（一九二八）年一月七日、政府は次のように告示した。

「即位の礼は昭和三年十一月十日、大嘗祭は十四日より十五日に亙《わた》る」

昭和三年二月五日、宮中神殿の前庭で裳典長が斎火で亀の甲を焼いて、その亀裂の方角による斎田点定の儀が行われた。それによって当日悠紀地方は滋賀県、主基地方は福岡県に勅定されたことが、宮内大臣より各県知事に電報で通達され、昭和大嘗祭は京都御所で行われることになった。

「昭和は遠くになりにけり」、昭和二桁生まれの私はそんな思いがしているが、幼い頃、行幸中の昭和天皇を身近に見かけたこともあり、昭和天皇には親しみがあった。

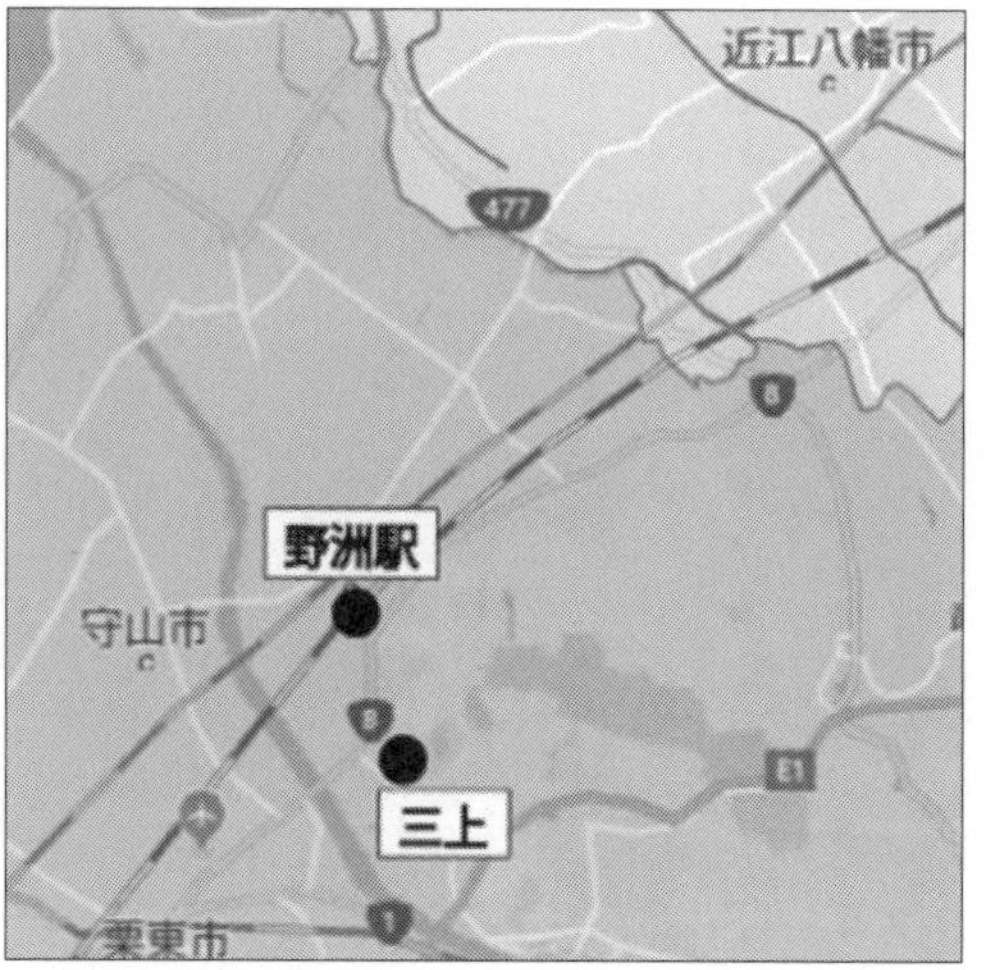

七月三日に愛知県の岡崎市を訪ねた後、午後三時過ぎ、久しぶりに東海道線に乗り、滋賀県の米原で琵琶湖線に乗り換えて野洲駅に五時過ぎに着いた。近くの野洲シティホテルに一泊したが、台風のせいで少々風があり、空に雲が多くて天候が悪かった。

翌四日は、台風七号の影響で風が強く、曇り空で時々雨がぱらついていたが、駅の東側にある自転車置き場で、電動自転車を借りた。それに乗って近くの野洲市役所の商工観光課長の遠藤美穂子さんを訪ねた。数日前に東京から電話していたので、彼女が昭和六十二年三月に発行された野洲町史第二巻の「悠紀斎田御田植」部分をコピーしてくれていた。

彼女は斎田に関することは何も知らないので、銅鐸博物館の専門調査員の江藤弥さんに会って話を聞くようにすすめられた。彼女は直ぐに電話してくれ、面会のＯＫがとれた。

野洲は、今から二千年も前の弥生時代の遺跡からの銅鐸が二十四個も出土し、銅鐸の町として知られており、博物館に日本最大の銅鐸が展示されている。そんなこともあって、四キロ以上も離れた銅鐸博物館に、小雨の降る中に透明なビニール傘を持って、電動自転車を走らせた。

日本最大の銅鐸

もう三十年ほど前になるが、希望が丘文化公園の依頼でグリーンアドベンチャーの常設コースを設置するために来た時、その入り口にある博物館に立ち寄った記憶があった。地図を見ながらではあったが、だいたいの場所は検討がついていたので、迷うことなく着いた。

入り口の係員にお願いすると、四十代の女性が出てきた。彼女、江藤弥さんは、すぐにロビーの机に資料を置いて話してくれた。昭和五十三年に発行された表紙に〝昭和大嘗祭悠紀斎田五十年奉祝委員会〟と書かれた、当時の写真入りで詳しい説明がついた報告書のコピーがあった。彼女はそれに基づいて説明

御上神社の鳥居

してくれた。

　平成以前の昭和三年当時は、まだ県主体の行事であったので、滋賀県知事は、宮内大臣からの報を受けると、すぐに全県下に通達したところ希望地は四十二か所にも達したので、県は、町村の財政、教育、産業の状態、村民の状況、村民の意向、在郷軍人団や消防組、青年団などの気風、過去三年間の伝染病の発生数等々によって、厳密に候補地を実地踏査して六か所に選別。さらに四か所に絞った。そして、三月十五日、最終的に野洲郡三上村字三上の粂川春治が大田主と決定された。粂川家にとっては最高の栄誉であり、郷土にとっても限りない光栄であるとして、全村民は村長を先頭に大太鼓を打ち鳴らし、御上《みかみ》神社へと参拝した。

　三月二十七日、県は、斎田関係の事務を迅速かつ周到に行うため、斎田委員会を設置するとともに悠紀斎田県事務所を設け、県属の文官六名が常時勤務し、現地機関として活動した。

四月九日、県は、斎田の耕作に従事する奉手を、三上村が提出した一五三名の候補者の中から経歴・本人及び家族の性向、疾患の有無、資産及び職業、生活状態、刑罰の有無などによって百名を選抜した。斎田の苗代始めは、四月十二日の鍬入れ式をもって開始した。知事は、斎田の光栄を永久に記念するために、早稲の品種である稲を「瑞穂」と命名して、栽培することにした。

五月八日、九日と三上村全村民に予防注射があり、野洲町より三上村に通じる県道の拡幅、そして、御上神社より大田主の粂川家に通じる道路の新設など、斎田の経営は着々と進んだ。

四月十一日に、滋賀県水口町出身の学者、巌谷小波《いわやさざなみ》に依頼してあった田植歌の歌詞が次のように出来上がった。

悠紀斎田田植歌

一つ、日の本瑞穂の国は、穂に穂栄えて千代八千代
二つ、再び得がたい誉《ほまれ》　御代の初めの御田植
三つ、三上の御影の神は　代々に御国を守る神
四つ、夜を日にいそしむ人は　神も守らでおくものか
五つ、五日にやそよ風吹いて　十月十日にや雨が降る
六つ、百足《むかで》の巻いたは山よ　御田にや雀も虫もでぬ
七つ、名高い近江の国は　昔からなる悠紀の水
八つ、野洲川国やすかれと　清くそそぐよ悠紀の水

乳房のような三上山

九つ、九重の雲井の空も　はれて賑はふ田植歌
十で、とうとう御田植終わりや　はやも早苗に千代の色

この歌詞の作曲は、武内岩尾と片岡春太郎、踊りの振り付けは、北上信市、廣庭弧蝶、長友藤蔵らが委嘱されるや一生の光栄と感激し、寝食を忘れて精励したそうだ。

三上村にある御上《みかみ》神社は、神体山である三上山の西麓にあり、近江を代表する古社で、養老二（七一八）年に、藤原不比等が勅令により社殿を造らせたという官弊社。早くから野洲川流域の重要な神社であった。標高四三二メートルの三上山は、「近江富士」とも呼ばれ、俵藤太《たわらとうた》のむかで退治の伝説で知られた山で、頂上には巨石の磐座《いわくら》があり、御上神社の奥宮が祀られている。

三上山西麓の三上村

六月一日から三日間御田植祭が実施された。初日は曇りがちであったが、御上神社で午前十時より宮内省を初め各界代表九百余の来賓が参列して祭儀が催された。午後一時から雨の中で田植えが始まった。拝観者は約四万人。翌日は晴天で、御田植えの拝観者が多く五万人。三日目の月曜日は県外からの拝観者が多く五万人で、合計十四万人を超し、臨時列車の増発にもか

斎田地（広報誌のコピー）

斎田耕作（広報誌のコピー）

かわらず、連日鈴なりの混雑であったと言われている。
九月十六日抜穂式が行われ、拝観者は何と九万七千五百人もいたそうだ。九月十八日に稲の刈取りが行われ、その後、乾燥、調製（精白・布磨・粒選・清磨）を経て、十月十六日に野洲駅から新造の車両で運送した。京都駅に到着後、知事以下奉仕者全員が徒歩で京都御所に至り、斎庫前で納入式を終えた。
滋賀県は、翌昭和四年三月二十三日に悠紀斎田記念会を設立し、斎田跡地の一部を買収し、毎年野洲郡内の青年団男女の奉仕でお田植えを続行することを決定した。そして、今もまだ青年団によるお田植え祭りは毎年行われている。
昭和十三年十一月に、昭和大礼大嘗祭悠紀斎田記念館が建設されたが、昭和三十六年九月十六日来襲の伊勢湾台風により倒壊した。そして、昭和四十五年十二月に、昭和大礼大嘗祭記念碑が建設

今日のお田植え祭（広報誌のコピー）

され、今も御上神社横の記念公園の中にあるとのことだった。
　資料を見ながら当時の話を聞いた後、駆け足で館内の銅鐸を見て回り、十二時前に館を出た。
　雲の流れは早かったが、雨はなく、地図上で教えてもらった道を電動自転車で御上神社に向かった。国道八号線に沿って走ればよかったので、迷うことなく三上村の御上神社に着いた。
　神社横の悠紀児童公園は、すぐに分かった。出来てからもう五十年近くも経っているので、木が大きく茂り、記念碑は見えなかったが、自転車を神社の入り口に置いて国道を渡った。公園の中に木製の鳥居があり、その向こうに高さ三メートル以上もある大きな石碑があった。そこには〝悠紀斎田記念碑〟と白い文字で大きく彫り込まれていた。そして、振り返ると、鳥居の向こうの形のよい乳房のような山があった。近江富士と呼ばれる三上山で、御上神社の御神体山。その西麓に家が並んであるのが三上村。村と公園との間にある

御上神社横の悠紀児童公園

のが、悠紀斎田記念田で、田圃の角に石の記念柱が立っている。

天気が悪いせいか、人通りはなく、しばらく一人で撮影をしていた。公園の近くには家はなく、本年五月二十七日（日）に御田植えされた稲が青々と育っている水田が広がっているだけで、二、三十分経っても誰も通りかからない。

田圃の中の道を、山麓に沿って家が建っている三上村に向かって三百メートルほど自転車を走らせた。村には一本の道があり、古風な家が道沿いに建っている。

車は通るが村民にはなかなか会えなかったが、道沿いで畑仕事をしていた老婆がいた。大田主の粂川さんの家を尋ねると、親切にも先に立って二百メートルくらい案内してくれ、開いている門を入り、戸口で呼び鈴まで押してくれた。彼女は家の者には会わずすぐに引き返した。

家の中から出てきたのが初老の男性。私は名刺を渡し、東京から悠紀斎田跡を見に来たので、大田主の子

公園内の大きな記念碑

孫に話を聞きたくてやって来た旨を伝えた。

粂川藤太さん六十三歳は、六十歳まで会社勤めをしていたが、今は退社して農業に従事しているという。私が取材を申し込むと、苦笑いしながら、「それじゃ、まず家の中に入って下さい」と、玄関から家の中に招き入れてくれた。立派な仏壇のある間を通って、飾り棚のある奥座敷に入れてくれ、テーブルを挟んで座った。

粂川さんの家は昭和六十三年に古い家を壊して新しく建て替えていた。そのため、町が調査して、〝野洲の粂川家と周辺の農家〟という冊子を昭和六十四（平成元）年三月に出版していたので、家系と家については詳しく記録されていた。

粂川家は、三上山の北麓にあり、三上の集落の一画をしめる。代々〝藤右衛門〟と名乗り、三上郷山出村の庄屋を務めたこともあり、位牌で最も古いものは寛延三（一七五〇）年とあるので二百年余り前から続いている。

粂川家の門

粂川藤太さん

敷地には、長屋門、母屋、土蔵、蔵前座敷があり、北側は土塀、南側は生垣で囲う。建物群は敷地の北側よりにあり、母屋は敷地のほぼ中央で奥まった位置にある。などと記録されている。

粂川泰治さんは藤太さんの祖父で、九十五歳で死亡。息子の豊治さんは、昭和大嘗祭の時は三歳であったそうだが、九十三歳で死亡し、今は藤太さんが頭主。

粂川家は当時二町（二ヘクタール）余りの土地を所持しており、半分は小作に出していた。この近辺には粂川家よりも大地主が何軒もあったそうだが、たまたま御上神社のすぐ横に所有田があり、そこが斎田用に都合が良かったので使用されたのだろうとのことであった。

斎田の作業は大田主だけではなく、村、地域、県を上げての大仕事であったので、県は総経費十万二千円余りもの予算をつけた。大田主の粂川家には翌四年五月五日づけで、県知事から二千円の交付金があったそうだが、泰治さんはその金をそっくり村に寄付した。

昭和大嘗祭当時の米

その代わり、粂川家は手伝いの人件費、食費、その他の費用が三〜四千円もかかり、大変な借金となった。泰治・豊治親子は二代に渡って大変な苦労を重ねて借金を返したことを孫の藤太さんは、子どもの時から聞いていた。大田主としての粂川家の面目にかかわることなので、他には一切知られなかったが、昭和大嘗祭の後、二代に渡って借金返済で大変な苦労をしたそうだ。

　飾り棚には、当時の米が円筒形のガラスの器三個に入れてあった。そして、当時報奨品としてもらった銀杯三枚や、昭和大禮記念章などをしまっていた木製の箱から出して見せてくれたので撮影させてもらった。

　その後、昭和二十二年の農地改革で小作に出していた土地が没収され、今では一町歩以下の水田なので自営農だけでは食べていけないから、六十歳までサラリーマンをしていたのだという。

　藤太さんによると、三上村は昭和三十年代後半から人口が減少し、無形文化財にもなっている御上神社祭のみこしを担ぐ人も少なくなり、継続が困難になっているそうだ。それに、大嘗祭は歴史的に意義があり、大田主であったことは誇りに思うが、祖父や親の苦労を知っているので、あまり賛成は出来ないと言っていた。

一時間以上も話を聞いた後、仏壇前と門の前で藤太さんを撮影させてもらい、お礼を述べてお別れした。

御上神社の横を通って、電動自転車で嵐が近づいている気配を感じながら野洲駅まで戻り、二時半過ぎの列車で米原に出た。そこから新幹線で東京に戻った。翌五日の滋賀県は台風七号の襲来で、大雨が降ったニュースが流れていた。

③主基斎田地福岡市脇山（福岡県）

昭和三年二月、宮内省の神祇官が亀卜により、悠紀の地は滋賀県、主基の地は福岡県と卜定した。

斎田地決定の通知を受けた当時の福岡県知事は、二月五日に検討の結果、背振山系北麓の山口・脇山・長野村の三か所を候補地に決定した。

山口村の南には権現山（六百二十六メートル）、脇山村の南には背振山（千五十五メートル）、長野村の南には羽金山（九百メートル）の高い山があり、それぞれから流れ出る川

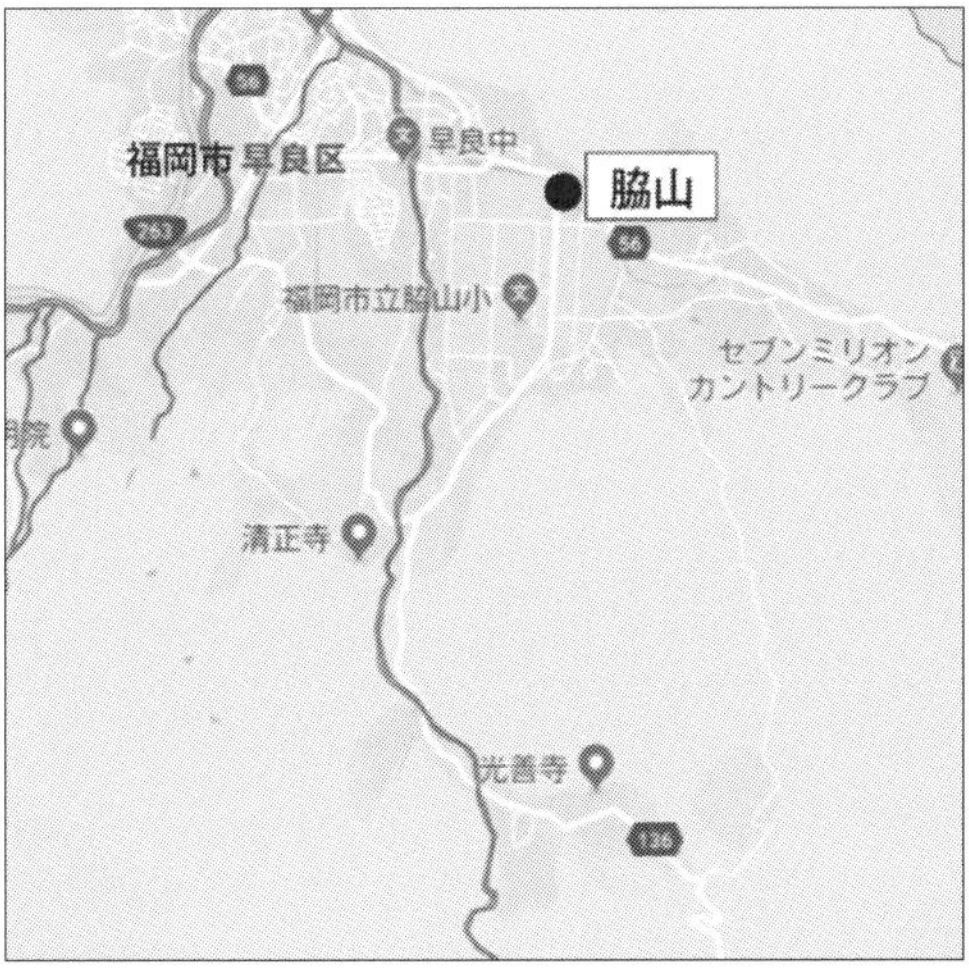

に清水が流れ、川沿いはうまい米の産地であった。中でも脇山は、昔からうまい米の産地として有名であった。

その後協議がなされ、三月十五日に斎田地は早良郡脇山村、斎田所有者は石津新一郎と発表された。当時の石津家は、脇山地方の大地主であった。

〝主基斎田九十周年記念・お田植え祭
平成三十年六月十六日（土）八時四十五分から福岡市脇山〟

こんなチラシを手にした私は、大分県玖珠町から福岡に戻った、六月十五日午前十時、天神にある福岡市役所健康医療部健康増進課の入澤由三子課長を訪ねた。

私が理事長をしている公益社団法人青少年交友協会の福岡支部が、昭和五十二年十二月から毎年、平和台—志賀島三十一キロかち歩き大会を主催していた。そして、平成二十八年から健康寿命を延ばす「歩く国民運動」を推進していることもあって、脇山が福岡市のどこにあるのかはっきりしていなかったので、情報が欲しくて気心の知れた健康増進課に電話でアポイントを取っておいた。

入澤課長と西村忍健康づくり係と会い、しばらく健康増進事業としての歩く国民運動の件について話し合った後、脇山への行き方を尋ねた。幸いにも入澤課長が脇山地区に勤務経験があって詳しく、脇山小学校行きのバスがよいとのことだった。そして若い西村女史が、親切に天神のバス停まで案内してくれた。

水田地から背振山を眺める

丁度昼時だったので、近くの店でラーメンを食べ、教えられたバスに乗って、脇山小学校前の終点で下車した。目の前にコンクリートで二階建ての立派な脇山公民館があった。チラシを見て電話したら、田植え祭りや地域史に詳しい平川さんと館長の大鶴さんが午後二時に会えるとのことだったので訪ねた。

一階の受付で名乗ると、元気な明るい声で中年女性が対応してくれ、すぐに会議室に案内してくれた。中に老人が一人座っていた。

彼は前公民館長で地域史に詳しい平川武彦（七十九歳）さんであった。背は高くないががっちりとした体格で田舎風の気さくな老人。待っていたとばかりに資料を見ながら地域のことや主基斎田について話し始めた。

脇山は、東南西の三方山に囲まれ、北の玄界灘に向かってゆるやかな斜面になっている南端で、背振山北側の山麓にある。朝鮮半島の方から海を渡ってくる人々は、高い背振山を目当てにしたので、縄文時代から人が住み、水の絶えることのない豊かな土地だという。今も水田が広がる水田稲作農業地域である。

昭和三年三月二十二日は、斎田起工式が行われ、斎田の南方位に巾約二十三メートルの斎田道路を通

おいでよ　わきやま！　たずねよう　9 年前！
脇山主基斎田９０ 年記念
お田植祭

大嘗祭主基斎田碑

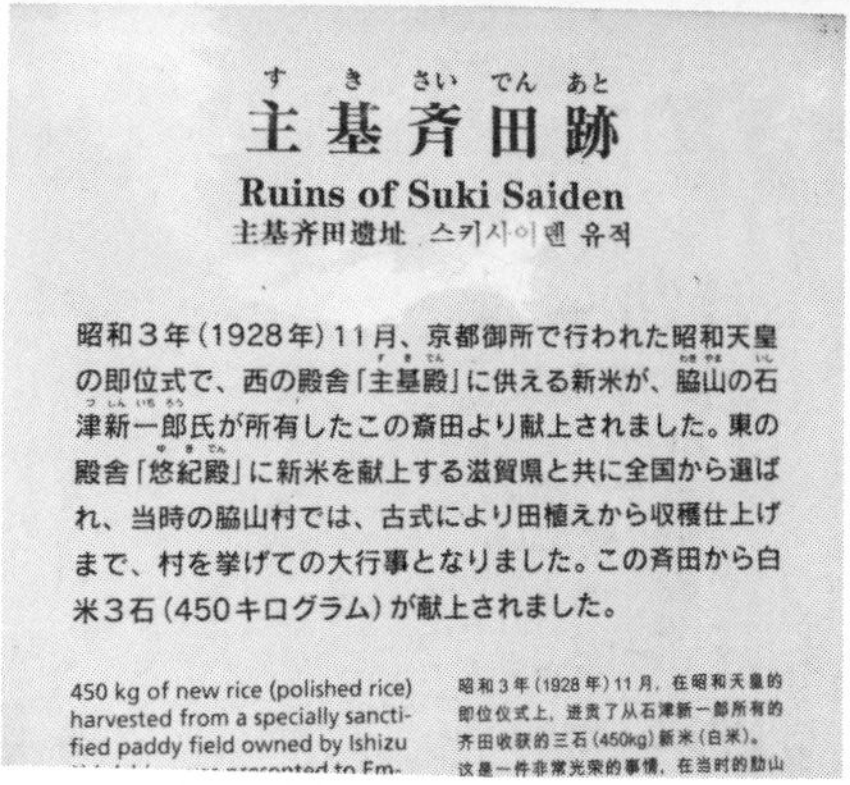
主《す》基《き》斉《さい》田《でん》跡《あと》
Ruins of Suki Saiden
主基斉田遺址 스키사이덴 유적
昭和３年（1928年）11月、京都御所で行われた昭和天皇の即位式で、西の殿舎「主基殿《すきでん》」に供える新米が、脇山《わきやま》の石《いし》津新一郎《つしんいちろう》氏が所有したこの斎田より献上されました。東の殿舎「悠紀殿《ゆきでん》」に新米を献上する滋賀県と共に全国から選ばれ、当時の脇山村では、古式により田植えから収穫仕上げまで、村を挙げての大行事となりました。この斉田から白米３石（450キログラム）が献上されました。
450 kg of new rice (polished rice) harvested from a specially sancti-fied paddy field owned by Ishizu
昭和３年（1928年）11月，在昭和天皇的即位仪式上，进贡了从石津新一郎所有的齐田收获的三石（450kg）新米（白米）。

这是一件非常光荣的事情，在当时的脇山

平川武彦さん

すことになり、気象観測所を設けた。

斎田奉仕者は、品行・学業・家族や健康などを調査の上、村内より男子七十名、女子五十名を採用。奉仕者の年齢は、男子は満二十歳以上三十歳未満、女子は満十八歳以上二十五歳未満とされた。

整地起工式では、標識、用水路、作業所、収納舎、事務室などの建設工事が着工された。

三月二十五日、当時村長であった石津大田主と関係者二百名が、宗像大社へ詣で、主基斎田豊穣祈願をし、四月七日には地鎮祭が行われた。

四月十五日、斎田鍬入式があり、「昭代《しょうだい》」と命名された稲が採用され、四月二十日、苗代田に播種された。五月二十日、斎田水口祭が行われ、椎原《しいば》川の清流が注入された。斎田は奉耕牛によって耕やされたが、不浄をよしとしないので、牛のお尻に袋をつけ、田面を汚さぬようにした。

平川さんは、自分で作った資料ノートを見ながら一気に話をしてくれ、メモをするのが大変で、少しゆっくり話してくれるように頼む。彼は子どものような表情で大笑いし

主基斎田記念碑

て間を取り、手持ちの資料を私に渡してくれた。

その資料は〝中村学園研究紀要第二十五号・一九九三。食文化の研究・福岡県における昭和大嘗祭についてⅠ〟とある。江上一子、黒木晶子、松隈美紀による報告書のコピーで、かなり詳しく記録されていた。

これを参考資料に使わしてもらってもよいでしょうかと尋ねると、彼は即座にいいですと言ったが、報告者たちではないので、平川さんの説明によるとさせてもらいますと念を押して同意を得た。

六月五日の御田植祭は、近隣から二千人以上もの人が集まり、午前十時から始まった。石津大田主を先頭に、福岡県下四十名の神職と八名の舞姫、楽師や男女の奉耕者などが斎田に入った。そして神職が五色の幣を挙げ「今日の畏き御田植」と祈りを奏上し、舞姫たちが舞う田植神事が行われた。

御田植歌を唄い手男女各四名の合計八名と、奉耕者男三名と女四名が斎田に入り、知事から大田主へ渡された玉苗が、大田主からそれぞれの奉耕者へ手渡され、

左から大鶴、重松、平川さん

田植歌に合わせて苗が植えられた。

辻野開造作の田植歌の歌詞は、先の報告書によると、次のようである。
一、早良脇山主基斎田の　稲は昭代・田の苗
二、流れ美し椎原の川に　心浄めて御田植
三、植ふる手先に誠心こめて　祝う君が代　千代八千代
七月二十日、豊穣祈願祭、八月十五日、出穂の期を迎えて風鎮祭。そして、八月十九日、抜穂祭の神殿地鎮祭が行われ、祭場の四隅に斎竹を建てて、七五三縄を張りめぐらせ、中央に祭舎が設けられた。

九月二十一日、抜穂祭。勅使によって「抜穂の祝詞」を奉した後、知事が石津大田主に告げ、抜穂具で一株ずつ二十五株を刈り取り、四束にまとめて斎具に納めた。そして、九月二十三日は全田の稲を刈り取り、五日間天日に干された。

九月三十日は脱穀して三日間乾くように干し、十月四日、籾摺り、精米をした。そして、十月五日から十

公民館にあった写真のコピー

四日まで、脇山小学校新築講堂で除糠作業と粒選作業が行われた。

除糠作業は次のように行われた。

①木綿袋磨きは、長さ百二十一・二センチ巾三十・三センチの白木綿の筒状袋に、米約二升（三キログラム）を入れ、その袋の両端をお互いに向かい合って持ち、交互に上下して十五分ごとに交互して磨く。

②麻袋磨きは、木綿袋と同じように作られた袋で、同じように一時間磨く。

③絹袋磨きは、麻袋磨き後粒選された完全米を、①や②と同じように白絹袋で磨く。磨き上がった精米は一粒一粒が水晶のように光輝いている。

作業所の講堂には真新しいゴザが敷き詰められ、木製の木の長机の粒選台が二十台を二列に並べて、奉納者は向き合い正座して粒選した。

粒選総量は、白米五石五升（約七百六十キログラム）、玄米三升七合（約一四・一四キログラム）。その

公民館にあった写真のコピー

内の供納米は、白米三石（約四五十キログラム）、玄米一升八合（約七キログラム）。

他の不適格米は、菓子（御紋章入り丸小型の落雁）を謹製し、斎田関係者への記念として、一人二個ずつ渡されたそうだ。

十月十五日、供納米櫃式は、供納米が檜の柾目の白木で作られた唐櫃十二個に納められた。一唐櫃に二斗五升（約三十七・五キログラム）が入る。

十月十六日、知事や大田主、村の有力な青年団員などによる輸送隊は、「大嘗祭主基斎田供納米」と書かれた木札を大八車に載せた唐櫃に付け、午前十時に脇山小学校を出発し、北鉄線の西新駅まで十二キロメートルに、新しい川砂が全面に敷かれた道を徒歩で行進した。沿道には二万を越す人出で、華やかな見送りがあった。

供納米は、西新駅から博多駅、門司駅と進み、下関丸で海を渡って、京都駅には十月十七日の午前九時十分に着いた。関係者は、京都市民の迎えるなか、都大路を歩行し、大宮御所内匠寮出張所斎庫にて、午後零時三十分に供納式を無事に終了した。

このようにして、脇山における約八カ月の昭和大嘗祭における主基斎田の行事は滞りなく済んだとされている。

平川さんの資料を見ながらの説明を受けている内に、公民館長の大鶴進吾（七十歳）さんが同席し、とにかく記念碑を見ようということになって外に出た。

明日、十六日に行われるお田植え祭りの責任者でもある、自治協議会長の重松重興（七十四歳）さんも来てくれ、水田地帯を三・四百メートル西に向かって歩き、脇山公園の中にある記念碑を訪れた。

高さ二メートル以上、幅三メートル以上もある巨大な石に「大嘗祭主基斎田碑」と碑文が彫り込まれている立派なもので、当時の村人たちの意気込みが伺えた。

二町（二ヘクタール）以上もあるこの公園は、斎田跡地で県が大田主から買い上げ、今では県の所有地になっているそうだ。大田主であった石津家は、やはり戦後の農地改革で水田の多くを失い、孫にあたる人が村を出て、今では家に誰も住んでいない空き家になっているとのことだった。

私は三十分ほど説明を受けた後、無理にお願いして、大きな谷間の東側の山麓にある、空き家になっている石津家を平川さんに車で案内してもらった。

大きな石柱が両側にある門を入ると、庭に草が生えていた。かつての豪農の家らしく壁に色彩画のある、柿色の屋根瓦をいただいた大きな家が、淋し気に佇んでいた。庭の一隅に祠《ほこら》があった。開けて中を見ると、木製の古ぼけた棚があり、猪口《ちょこ》が二つあるだけであった。かつての大地主の家は、今は誰も住む人がなく、庭の木々が茂り、精霊が宿っているような雰囲気であった。栄枯盛衰ではないが、長い時

空家になっている石津家

の流れが物寂しい表情を見せている。

十分ほどいたが、空き家は何となく淋しい気がして、門柱の所で平川さんと写真を撮り合って門を出た。

明日の御田植え祭りに参加するのだが、脇山には宿泊できなかったので、平川さんに地下鉄の野芥《のげ》駅まで送ってもらい、天神に戻って、長浜公園近くのアークホテルに一泊した。

翌日、六月一六日の朝、天神から地下鉄の七隈線で野芥駅まで行き、そこからタクシーで脇山小学校に向かった。

天気は快晴で青空が広がっていた。午前九時半に着くと公民館近くの小学校の校庭には沢山の人出があった。体育館での八時四十五分からの「脇山主基斎田九十周年記念式典」は終わって、人々が体育館横の田圃へ移動していた。

私は、昨日、田植え祭りの内容を聞いていたので、すぐに田植えの場所に向かった。二・三千人の人出があり、ごったがえしていたので、体育館側の反対の畦

道に行き、しばらく待っていると、体育館横から少し下り気味になって真っすぐ北に向かっている斎田道路に、白と紺色が斑になった布地の和服に桃色の巾広帯を締め、桃色のたすきをして、菅笠姿の女性や中学生男女たちが列をなした。

やがて田植歌が拡声されて流れ、十時から田植舞が披露され始めた。マイクを通じて流れる女性二人の歌声につれて、女性十数名と中学生男女十数名が二列に並んで踊る姿は、昭和大嘗祭と同じで、水田の水面に映える様は、当時の様子を彷彿させるのに十分であった。まるで時代劇の映画を見ているようで、何とも言えない情調感が溢れ、我を忘れて見入った。

十数分後に、踊っていた三十数名が道路から畦道に沿って水田に下りて一列に並んだ。その入れ代わりに、地元の小学生男女三・四十名が同じ出で立ちで斎田道路に二列に並んで踊り始めた。

幅四十メートルほどの水田の両側にいる男が、印のついた細い縄を張り、その移動に従って植え子が苗を

田植歌に合わせて植えて行く。紺色の着物に褐色の袴姿の男が苗を配り、菅笠の植え子たちは、一斉に後にさがり、張縄に従って植える。

昔ながらの菅笠、緋袴、手甲《てっこう》、脚絆《きゃはん》姿で、歌に合わせて苗植えと踊りが続く。

上は白衣、下は緋袴の衣装に包まれた神子《みこ》姿の二人の女性が、マイクに向かって交互に歌う田植歌に合わせて、田圃では植え子たちが後ずさりしながら一斉に苗を植え、斎田道路では、小学生たちが、四、五十メートルの二列に並んで菅笠を持って田植舞を踊る。のどかな田園風景は日本の原郷。

稲作農耕文化を中心とした日本の生活文化の原風景のような情景が、張りのある元気な声が響く田植歌に合わせて流れるのどかな様は、世界文化遺産にも匹敵する。

多くの日本人が、斎田でこのようにして田植えがなされ、多くの住民の大変な苦労と努力によって、供納米が作られていたことは知らない。勿論、天皇は知る

由もない。しかし、これこそが古代から続いている天皇制を維持してきた日本人の奉仕精神・日本人の心意気なのだろう。

三十分も四十分も田植歌が続き、水田に稲の苗が縦横に順序良く仕付けられる。小学生たちも元気よく踊り続ける。素朴な御田植え祭りだが、元気な日本がここにはまだある。

一反歩ほどの広さの田圃は、徐々に苗が仕付けられ、植え子たちは段々と斎田道路に近づき、仕付けられた苗の範囲が広くなって行く。

日本の教育用語に〝しつけ〟があるが、しつけとは、苗を縦横に順序良く植える仕付けのことで、礼儀正しく正直な日本人らしい、稲作文化による言葉なのである。

約五十分も田植歌が流れ、田植舞が続き、植え子たちは広い田に順序良く苗を植え続け、青空の下、田植え行事は無事終了した。

私は、昭和の主基斎田行事が、地元の人々の努力と尽力による情熱によって支えられていたことを知らされ、大嘗祭が、日本の稲作農耕民たちが天皇に奉げる稲、米を、我が子のように精魂込めて育てた、稲魂の祭であることを再認識した。

十一時半には、地元を去りバスで福岡に戻った。そして素朴な農耕民の奉仕精神・心意気が今も旺盛なことを感じ、晴れやかな気持ちで飛行機に乗って東京に戻った。

(3)活気的な大正大嘗祭

①躍進した明治を受けて

開国して富国強兵によって世界に乗り出した大日本帝国は、僅か四十五年の間に大躍進した明治時代が終わり、一九一二年に大正時代を迎えた。

大正大嘗祭は、欧米列強に追いつけ追い越せの文明開化にまい進して、躍進した明治の四十五年間を受けてのことなので、まず明治とはどんな時代であったのかを知っておく必要がある。

徳川幕府が天皇への〝版籍奉還（幕藩体制の諸藩に領地と領民を天皇に返上させる）〟によって、東京を首都とする新しい日本、明治政府が二官六省で誕生した。政治は参議によって動かされ、明治四（一八七一）年七月には、廃藩置県が断行された。

新政府は、中央集権体制と共に、欧米諸国と肩を並べる強い資本主義国家建設のため、文明開化を促して近代産業育成の殖産興業を必要とし、富国強兵政策を取った。そして、明治五年十月には群馬県に富岡製糸工場が作られ、明治六年一月には徴兵令を公布した。

政府は、計画断行に欠かせない、軍事力を整えるため、薩長などから政府直属の兵士一万人を集めた。

明治八年五月には、樺太・千島交換条約締結によって、樺太はロシア領、千島列島は日本領とする取り決めがなされた。明治九年二月には、日本側に有利な内容の、日朝修好条規締結がなされた。そして、明治十年には、日本最後の反乱とされる、西郷隆盛を筆頭にした士族と政府の戦い〝西南戦争〟が勃発し、政府軍が勝利した。

稲実殿に稲穂を供える絵（岡崎市六ツ美）

明治五年八月には、学制公布によって六歳以上の子どもに義務教育が施行されるようになり、全国に二万以上もの小学校が設立された。そして、高等教育も整備され、明治十年四月には国立大学として東京帝国大学が設立された。

明治十八年十二月には、〝太政官制〟が廃止され、内閣制度が発足し、明治二十二年二月には、大日本帝国憲法が発布。明治二十三年七月には第一回衆議院議員総選挙が実施された。

明治五年九月に東京の新橋―横浜間に日本初の鉄道が開通したが、明治二十二年七月には、東京―大阪間の東海道本線全線開通し、殖産興業に重要な鉄道網が発達した。

明治二十七年八月には、日清戦争に勝利し、清国から高額の賠償金を得て、明治三十四年に八幡製鉄所が建設された。

明治三十五年には日英同盟が締結され、明治三十七年七月には、大国ロシアとの極東における日露戦争に勝利して、世界に日本国の名を轟かせた。

明治二十八年には台湾総督府が置かれ、日本の台湾統治体制が確立された。明治四十三年には日韓併合条約が締結され、朝鮮半島の日本化が進行した。

日本は明治維新後の僅か四十数年で西欧列強に肩を並べるほど躍進した。人類史においてこんな短期間に大きく躍進した国の例はないが、その基礎は江戸時代に培われた統合と生活文化の豊かさである。欧米以外、特にアジアでは飛躍的に発展して、欧米中心の人類史を変えるほどの大国になった。

そして、明治四十五年七月二十九日に明治天皇が六十一歳で崩御し、七月三十日から大正に改元された。

②悠紀斎田地岡崎市六ツ美（愛知県）

文献やインターネットで調べてみると、大正天皇即位における大嘗祭で、一九一四（大正三）年、宮中において、「斎田確定の儀」が行われ、悠紀の地方に愛知県、主基の地方に香川県が神聖な儀式による〝亀卜〟によって選ばれたとある。ということは、明治大嘗祭は東京で行われたが、再び京都御所での催事となる。

当時は県主体で行われたので、愛知県知事は即座に各郡市長の調査報告を集め、三月六日には岡崎市六ツ美村大字下中島の早川定之助の所有する水田四反歩に決定した。しかし、明治天皇のお妃の昭憲《しょうけん》皇太后が、四月十一日に崩御され、喪に服する期間の〝諒闇《りょうあん》〟となり、大嘗祭は延期となった。が、四月十五日に内務省から斎田継続の通知があり、翌四年に実施され、現場に記念碑が建立されているとのことであった。

私は、岡崎市六ツ美地区を訪れるため、平成三十年七月三日の朝、東京八時三十分発のひかりに乗って岡崎市に向かった。豊橋で新幹線から東海道線に乗り換え、十時三十八分に岡崎駅に着いた。

東京は晴れていたが、岡崎は晴れ時々曇りの天候で蒸し暑かった。岡崎駅は、汽車で何度も通過したことはあったが、下車して町に出たのは初めてのことで、様子が分からなかった。が、東京から問い合わせをした岡崎市教育委員会の学芸員山口遥介さんの指示で、駅前からバスに乗り、二十分ほどで長池公園前で降りた。そこから地元の人に尋ねて確認し、五、六百メートル歩いて水田地帯にある道沿いの〝悠紀の里〟にたどり着いた。そこで二十八歳という若い山口さんが待っていてくれた。そして、彼が悠紀の里のサポーター小里勝美さんを紹介してくれ、いろいろな資料を集めてくれており、共に案内してくることになった。

悠紀の里と呼ばれている地域交流センター六ツ美会館は、斎田のあった水田地帯を埋め立てて作られ

山口遥介さん

ていた。広い庭とモダンな一階平屋の建物があり、歴史民俗資料室があった。その庭の一角には悠紀斎田地がそのまま保存されており、毎年六月に〝お田植えまつり〟が開催されていた。その近くには、大きな記念碑があったが、まずは資料室へと案内された。

　資料室には、地域の農業に関する道具が陳列され、悠紀斎田当時の資料や〝お田植えまつり〟などの写真が展示されており、近代的なプロジェクターによる映像もあり、山口さんや小里さんの説明で、約一時間見て回った。

　当時、斎田地となった早川定之助さんの田で、六月に田植え式があり、来賓は七百余人、参観者はなんと七万余人もあり、臨時列車を出し、大変なにぎわいであったという。

　斎田は大嘗祭用の新穀を生産する神聖な場所なので、周囲に忌竹《いみたけ》をたて、しめ縄を張り巡らしたり、標札を立て、道路を整備したりして、三百メートル四方は厳しい警備が行われた。田植え後は午前七時から午後七時まで、一時間ごとに輪番交替で巡回があたったそうだ。それに田主の早川定之助さんは、家族と飲食を別にし、毎日沐浴してから斎田事務に携わっていたという。

六ツ美の悠紀の里

斎田については、次のように厳しい注意事項や遵守することが決められていた。

「唾や痰を吐いてはならない」
「竹柵に足をかけてはならない」
「用水で泳いではいけない」
「怪しい人は近づけてはいけない」
「斎田に汚い物を捨ててはいけない」
「夜間の警備には提灯を持って巡回せよ」

お田植えの斎田に入るには、身を清め、男子は烏帽子をかぶって礼服姿で、女子は下げ髪、晒の上衣、緋色の短い袴、白色の脚絆を着け、菅笠をかぶるように決められていた。

抜穂式には天皇のお使いとしての勅使が来て行われ、十月の「点検の式」では、一粒ずつ精選された米を知事が点検し、合格した供物米を五個の唐櫃《からびつ》に納めた。米の品種は「萬歳」であった。

斎田関係者、六ツ美青年会員、在京軍人会員、小学生らが、『悠紀斎田供物米』と書かれた幟旗を持って、

田植え

六ツ美会館の資料

田植えを行う田を本田《ほんでん》といい、田植えまでに苗代の整地時と同様の準備がおこなわれていました。

苗代にて成育した苗は、6月5日の「御田植祭」後に本田に植えられ、7日までに全ての田植えを終了しました。

「御田植祭」は斎田南隣の地を式場とし、県内外の来賓をはじめ、一般参観者を含め7万人もの人々が来場しました。

播《は》種《しゅ》

播種

播種とはイネの種を播くことです。

10月中旬の供納に間に合うには早くに成熟(早稲)する品種を選ぶ必要がありました。優良品種であることはもちろん、病害虫や風水害等に強い品種であることが求められました。そこで3種の候補から「郡益」という品種を採用することとし、大嘗祭悠紀斎田の記念として新たに「萬歳《ばんざい》」と命名しました。

播種は4月23日におこなわれ、苗代に播かれた種籾は奉耕者によりに2本の竹箸にて均一に配置されました。

稲《いね》扱《こ》き

稲扱き

稲架けにより乾燥させたイネは千歯扱を使って扱き落とし、籾《もみ》を収穫します。生育不良のものや塵《ちり》を除いた後、籾摺り作業にまわされました。

籾の総収穫量は11石5斗9升6合（約1,740kg）でした。

※1石＝約150kgで換算

刈取り

刈取り

順調に育ったイネは9月25〜26日に全ての刈取りをおこないました。1・3号田は特に供納米の分として、六ッ美第三尋常小学校の校庭に運搬し稲架《はざ》けにより乾燥させました。2・4号田は予備として斎田内の稲架けにて乾燥させました。

刈取り後は稲扱《いねこ》き、籾摺《もみす》り、搗精《とうせい》により精米に仕上げられていきます。

撰《せん》米《まい》

撰　米

調製を終えた精米はさらに撰米をおこないました。撰米の方法は、少量を盆にとり、ヘラで砕米・不正米・胴折米を別の容器にとり、選別済みのものはさらに拡大鏡にて点検し選別漏れを防ぎました。

籾《もみ》摺《す》り

籾摺り

稲扱きにより調製された籾は乾燥させますが、降雨のため火力乾燥装置による人工乾燥も行われもました。乾燥後に籾摺臼《もみすりうす》により籾殻を除いて玄米にする作業が行われました。

玄米の総収穫量は6石3斗5升6合（約950kg）でした。

玄米は棒搗精米機により精白（搗精）され、布磨きにより糠《ぬか》の除去と共につや出しがされ、白米として供納する準備が整えられました。

※1石＝約150kgで換算

供《きょう》納《のう》

京都御所への供納

10月16日の午前6時8分に安城駅を出発した列車は午後0時16分に京都駅に到着し、京都府警察官を先導に京都御所清所から所定の場所に到着しました。斎庫《さいこ》前にて供納式がおこなわれ、供納米の点検後、斎庫に納められたことにより無事、供納が終了しました。

供《きょう》納《のう》

美矢井橋を渡る行列

供納米を納めるための行列は、10月15日に八幡社を出発しました。行列は安城警察署長を先導とし、萬歳旗、供納米木札、大田主唐櫃、斎田委員長、その他各委員等と続き、陸路で安城へ向かいました。翌日、安城駅発の列車には、特注の車両が準備され、供納車として外部周囲には注連縄が巡らされ、内部の一室は白木造りとし、壁・床に白布を張り巡らせた上に台が設けられ唐櫃を安置しました。

六ツ美の斎田地

約千五百メートルの行列をなして役場まで運んだようだ。

供物米は、県知事ほか関係者約百二十人が、専用列車で京都へ運び込んだ。斎田で栽培された供物米約百五十キロ以外の米は、宮内省に送られたり、標本にされたり、各都道府県庁に送られたり、祝賀会用菓子の原料にしたりしたそうだ。

厳重な警備と多くの人々の努力により、大きな事件もなく、無事終了したので、田主の早川さんは御下賜金一千五百円（平成十六年の価値で約千三百万円）が支払われた。

斎田を記念して、役場前に、〝斎田記念館〟が作られた。その後施設の老朽化と役場の移転等によって解体され、昭和六十二年には現在の地〝六ツ美民俗資料館〟が建設された。また、記念に農林学校も設置され、この地方名産の菜種油増産のため、菜種の品種改良に貢献した。学校は今も農業高等学校として存続している。しかも、伝統的な祭りである〝お田植えまつり〟

斎田記念碑

が毎年六月上旬に催され、それにつきものの田植え踊りと田植え歌が出来ており、地域の伝統文化として今も継続している。

尾張の国愛知県は、岡崎だけでなく、西尾市も斎田の跡地と伝えられている。およそ一一〇四年前、貞観元（八五九）年清和天皇の悠紀斎田に選ばれた熱地町八幡社一帯で、天皇の命により社殿が造営された。斎田の御田植儀式を記念して、地元の豊年を願っての祭が始まり、今でも毎年行われている。祭りの時叩く太鼓の音色から、〝てんてこ祭〟と呼ばれる、男根崇拝の奇祭になっている。この祭りの主役である厄男六名は、全員真っ赤な装束に身を包み、顔を隠すことで自ら神に身をうつし、御田植への崇拝の念を表しているのだそうだ。

このように、斎田の地域は、その地の伝統文化や産業、道路、稲作農業に大きな影響を及ぼしていた。

山口さんは、私を外に連れ出し、庭の片隅に竹囲いをした「大嘗祭悠紀斎田」と書いた立て看板のある斎

早川家の近代的な家、左は美容院

田地に案内してくれた。この六月三日の田植え祭で植えられた早苗が青々と育っている。そしてすぐ側にある高さ二・五メートルくらいの大きな花崗岩に〝悠紀斎田跡〟と書かれた石碑について説明してくれた。かつての式場の正門跡地に記念碑が建ち、式典の行われた広場は埋め立てられて、今は運動場になっているとのことだった。

私は、何としても、斎田主の早川定之助さんの子孫に会いたくて、山口さんに紹介をお願いしたのだが、子孫から固く断られているからと紹介してくれなかった。ただ、住所だけ教えてくれたので、彼と別れた後、村の中を歩いて地図を頼りに捜し当てた。大きな屋敷跡には新しい二階建てのモダンな家があり、広い庭の一方の道沿いに「サニー」と明記した美容院の看板があった。

両方を訪ねて呼び鈴を押したが、誰も出て来なかった。

豪農であったはずの早川家も、昭和二十二年の農地改革で、多くの田圃が没収され、今では農業だけでは生計が立てられなくなって、美容院を経営しているのだろう。私は、その家を撮影させてもらい、近くの中島バス停から午後二時五十分のバスに乗って岡崎駅に戻った。

③主基斎田地綾川町（香川県）

「香川県には主基という地名があり、主基高校がある」

友人で、元国立青少年教育振興機構理事長田中壮一郎さんと、もう四年も前に大嘗祭を話題にしていた時、彼がふと漏らした言葉。そのことを思い出して、本年（平成三十年）六月に、香川県出身の彼に電話して、大正天皇大嘗祭における主基斎田跡地、綾川町の紹介を頼んだ。彼は、綾川町に知人はいないが、香川県の教育次長に文部科学省から出向している山本君がいるので、彼に電話して頼んでくださいとのことだった。

早速、山本次長に電話をして説明すると、田中さんからも電話があったとのことで、「分かりました、手配しておきます」とのことだった。その数日後、綾川町教育委員会生涯学習課の久保田真人課長から東京の事務所に「歓迎します、是非お出で下さい」との心強い電話があった。

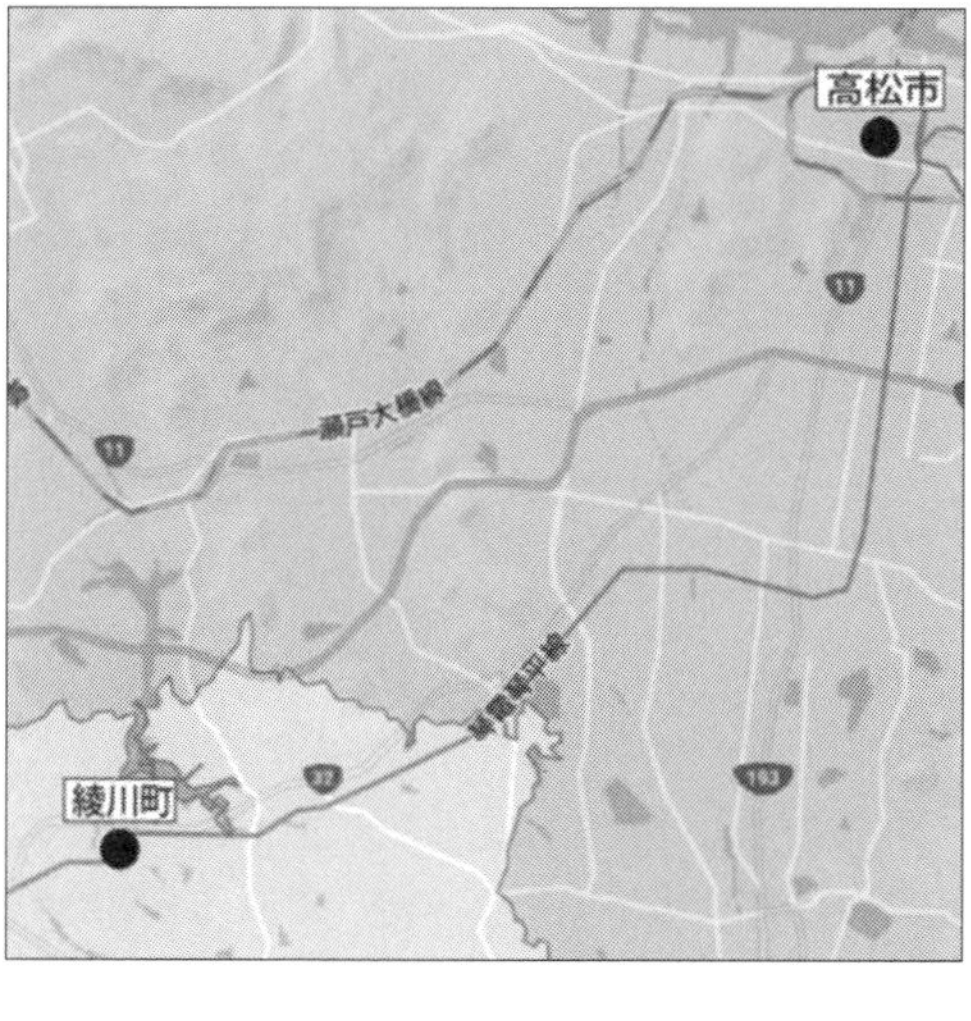

主基斎田保存会の皆さん

七月十八日、東京羽田発九時四十分のＡＮＡに乗って、高松空港に十時五十分に着いた。ロビーに出ると、私の名前を書いた紙を持って、久保田課長と若い三好勇太主任が待っていた。名刺を交換して空港を出ると暑かった。今年の夏は猛暑続き。青空の見える天候で、三十五度以上にもなっていた。クーラーの効いた三好さんの運転する車ですぐに山田公民館に向かった。水田や林の中を走り、人家のない地帯を通った。空港から約七キロ、約二十分足らずで思ったより近く、早く着いた。

公民館では、主基斎田保存会の岡田昌勝会長、岩瀬嘉宏副会長、辻貞男事務局長の三人が待っていた。すぐに冷房のきいた会議室に入り、名刺を交換して自己紹介をし合った。そして、資料が配られたが、その中に〝森田勇造先生、主基斎田ご視察説明要旨〟なるものがあり、それに従って岡田会長が説明を始めた。冷たい緑茶のボトルが出されていたので、それを飲み干して聞き入った。

本年のお田植え祭りビデオのコピー

一九一四（大正三）年二月、宮内大臣から、「来ル十一月十三日ニ行ハセラレルベキ大嘗祭ノ主基田ハ香川県ヲ主基ノ地方ニ勅定相成候……」の通知が県知事にあった。県主体の事業なので知事は奉耕者選考の結果、綾歌郡山田村（現在の綾川町山田）の岩瀬辰三郎の田に決定した。四国地域では初めての斎田であり、県・村・奉耕者がこぞって準備していたところ、四月十一日、昭憲皇太后の崩御により即位の大礼大嘗祭は延期となった。関係者は大変驚いたが、その後斎田はそのまま存置と決定され、翌年大正四年に実施されることになり、「斎田作業行事予定表」が次のように決められた。

主な行事は、「五月二十七日、田植え」、「九月十八日、抜穂」、「十月十日、籾摺」、「十月十一日、精白」、「十月十六日、供納米・県庁を経て京都に出発」、「十月十八日、京都着」

この主基斎田を実施する経費は、当時の金額で、県費一万五千五百五十二円、郡費千九百十三円、村費三千六百七十七円、奉耕者六百七十八円で、合計二万千八百二十円となった。ちなみに、当時の平均月給は三十円であったそうなので、大きな経費である。

当時の綾歌郡には電話がなかったが、主基斎田行事のために、この辺では最初に山田村役場に電話がひかれ、番号は一番であった。それに道が整備された。そして、斎田を記念して、地方の農業改善と発展のため、大正四年に郡立主基農林学校が建設された。その後大正十一年に郡立から県立に移管され、校名が香川県立主基農業学校に改称。更に昭和二十三年の学制改革により、香川県立主基高等学校となり、昭和四十三年には寄宿舎、農場を有する四国唯一の「自営者養成農業高校」として、校名も香川県立農業経営高等学校となり現在に至っているが、県下の農業発展に多大な貢献を果したという。

記念館に展示されていた植え子の衣装

綾歌郡山田村は、昭和二十九年に綾川の上流地域四つの村が合併して綾上村となり、昭和三十七年二月一日には町制施行により、綾上町となった。綾川の下流地域の隣村ではやはり四村が合併して、綾南町となっていた。平成十八年三月、この綾上町と綾南町が合併して、綾川町が誕生したのだが、平成三十年現在は、九千七十二軒、二万四千三百人の町になっているとのこと。

記念館の写真のコピー

正午過ぎから近くの製麺所で、讃岐名物の肉うどんをご馳走になった。そこに〝すし〟が一皿あった。私が育った四国西南の宿毛市のすしと同じ味だった。宿毛ではご飯に具を混ぜ込んだ酢飯を〝すし〟と呼ぶが、綾川町も同じだった。何とも懐かしい味で、うどんよりははるかにおいしく感じられた。長く東京に住んでいるのだが、やはり四国の食文化は類似しているように思えた。

午後一時過ぎから、公民館隣りにある立派な主基斎田記念館を案内され、主基斎田の保存会の皆さんが、展示している常設展示、企画展示それに映像ライブラリー・タッチパネルなどを次々に説明してくれた。

ここ山田地域は縄文時代からの遺跡があり、質のよい水が流れる綾川流域では、古代から稲が栽培されて上質の米が産出されていたので、県下で有名な山田米として古くから知られていた。そんなこともあって、主基斎田に選ばれたのだろうという。

御田植式の説明には次のように記されている。

〝大正四年五月二十七日午前十時、御田植式が綾歌郡山田村で行われた。式場の周囲三キロ余り、見渡せば驚くばかりの人垣で、式場付近の正式拝観者だけでも約三万人。東は綾川対岸の荒神山《こうじんやま》、北は伽藍山《がらんやま》、西は奉仕者邸後方の田頃山《たごろやま》から南へ続く山々に至る周囲の野山に人があふれていた〟。

その有様は、斎田史に「さながら人と洋傘を山面に塗り込みたるが如き観があり、その総数は無慮三万人以上と称せらる」とある。

田植え式次第は次のように記している。

一、修祓

二、降神（管掻警蹕一同起立最敬礼）

三、献饌（この間奏楽）

四、祝詞（斎主、県神職会長、金刀比羅宮宮司）

五、玉串奉奠

六、八少女舞奏進

七、鍬行事「二人の神楽男片襷して現れ、手に手に鍬を持ち、四隅の土を起す」

八、鋤行事「鋤で四隅を鋤《す》く」

九、地踏行事「定規をもってその土地を均《たがや》す」

十、舞女長福桶を神前の案上に置く

十一、神楽男、苗籠を神前に置く

十二、苗長　田植作法を行う
　苗を舞女に授く

「十名の巫女白衣緋袴片禅のいでたち」

十三、田舞奏進

十四、撤饌

十五、昇神

田植えした稲の品種は次のように記されている。

〝県内郡内に多くある優良品種の調査が行われ、大正二年より県に広めつつあった品種「早稲五号」が選ばれました。この品種は県内に広く普及していませんでしたが、九月二十五日までに成熟させることができるという試験成績により、その特性を調査して御用稲と定め、「国の光」と命名されました。〟とある。

耕作者は、男子が二十歳以上三十五歳未満の三十五名、女子は十八歳以上三十歳未満の二十五名が選ばれ、特別な衣装で作業したそうだ。

大正四年九月十八日に行われた抜穂式は、稲穂より長さ三十六〜三十七センチのところを鎌で刈り取り、新しい荒菰《あらこも》につつみ、更にその穂を抜き取り、まわり三十センチの束を四束作った。

抜穂式は、宮内省からの勅使《ちょくし》（抜穂使）が知事に抜穂の指示を出し、知事は大田主（奉仕事者）に命じ、大田主は雑色（男子耕作者）十人を率いて斎田に入り、抜穂を行った。

当日、山田村では花火を打ち上げ、各戸国旗を掲げ、夜はぼんぼりを灯すにぎやかさであったそうだ。

収穫した新穀は、籾摺り後、布磨をされ、長さ一・〇七メートルのさらし木綿の袋に入れて両端を閉じ、向かい合わせに並んだ二人が、拍子をそろえてゆっくりと揺り動かして米を磨く。布磨きは十月七日から十二日までかけ、光沢の出た米粒を木箱につめ粒選部へ送られる。今度は清められた白衣をまとい、マスクを着用した合計三百九十九人もの奉仕者によって絹袋に入れて同様にゆすり磨く。そして、最後には、竹へらで一粒一粒丁寧に選別され、形の良いものだけ仕上げ米とされた。白米一石を五つの麻袋に入れ、さらに唐櫃に納める。

十月十六日、旧山田小学校運動場で奉送祭が行われ、総員二十名が四名ずつ五組になって交替しながら五つの唐櫃を運んだ。奉送の列の参加者千五百人が、延々約一キロにもなり、高松の県庁まで運んだ。県知事の検分を受け、連絡船玉藻丸《たまもまる》に乗船。列車移動は神戸西部鉄道管理局に於いて新調した、ボギー車二両の窓上にしめなわを張って丁重に運ばれた。

十七日に京都駅に着き、九時から供納式が行われ、大嘗祭主基殿新穀供納のすべてが終わったとのこと。

お田植えには、歌と踊りがついていた。歌は歌詩を募集して、四十余首の応募から選ばれたものに、師範学校教諭の内藤俊二氏が歌曲をつけ、〝主基斎田田植歌〟が出来上がった。そして〝田植え踊り〟も振り付けられ、田植えは歌と踊りの歌舞つきでなされたそうだ。

その後歌舞は、地域の盆踊りになり、運動会や年中行事などに応用され、今も続いている。本年の〝お田植まつり〟は六月十七日であり、歌も踊りも披露されたそうだ。

資料を見たり、説明を聞いたりしているうちに、大嘗祭に新穀を奉納することが、いかに大変な努力と苦労が多くあったかが、思い知らされた。

なんとしても斎田地を見て、大田主の子孫に会いたくて、遠戚にあたる岩瀬副会長に何度も頼んだが、

主基斎田記念館の資料

岩瀬家の近くに建立されている記念碑

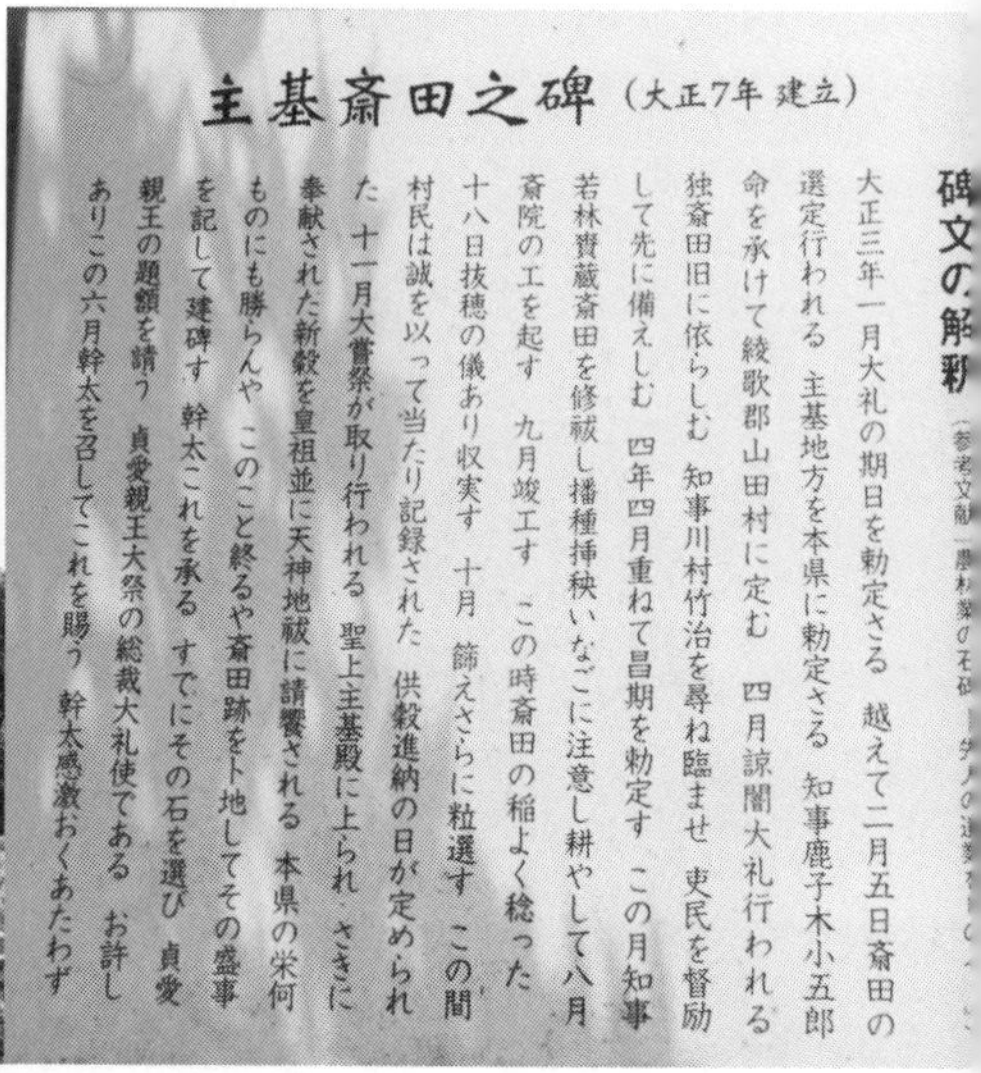
碑文の解釈
主基斎田之碑（大正7年 建立）
大正三年一月大礼の期日を勅定さる　越えて二月五日斎田の
選定行われる　主基地方を本県に勅定さる　知事鹿子木小五郎
命を承けて綾歌郡山田村に定む　四月諒闇大礼行われる
独斎田旧に依らしむ　知事川村竹治を尋ね臨ませ　吏民を督励
して先に備えしむ　四年四月重ねて昌期を勅定す　この月知事
若林賚蔵斎田を修祓し播種挿秧いなごに注意し耕やして八月
斎院の工を起す　九月竣工す　この時斎田の稲よく稔った
十八日抜穂の儀あり収実す　十月　篩えさらに粒選す　この間
村民は誠を以って当たり記録された　供穀進納の日が定められ
た　十一月大嘗祭が取り行われる　聖上主基殿に上られ　さきに
奉献された新穀を皇祖並に天神地祇に請饗される　本県の栄何
ものにも勝らんや　このこと終るや斎田跡を卜地してその盛事
を記して建碑す　幹太これを承る　すでにその石を選び　貞愛
親王の題額を請う　貞愛親王大祭の総裁大礼使である　お許し
ありこの六月幹太を召してこれを賜う　幹太感激おくあたわず

曾孫に当たる健二さんはすでに八十五歳で寝込んでいるので会えないし、後を継いでいる玄孫《やしゃご》の英一（五十三歳）さんは、会社勤めで、二時半まではどうしても駄目ということで、資料館で英一さんの帰りを待っていた。

英一さんが二時半前に来館し、彼の案内で斎田跡を訪ねることになった。斎田は、山田公民館から綾川の上流二キロくらいの川沿いにあった。

斎田地の一部は埋め立てられて大きな記念碑が立てられており、一部は斎田記念田として、今もお田植え祭り時に使われていた。竹矢来に囲まれた田には六月十七日に植えられた早苗があった。埋め立てられた地域は県の所有地になっているが、その他の田は、今も岩瀬家の田圃で、稲が植えられていた。

私は、英一さんの案内でその田を見て回ったが、大きな田の四角には奉耕田を示す標柱「主基斎田跡地」と記された一メートル高さの白い石柱が建てられていた。その田の奥の山裾に、白壁の大きな家があった。

本年6月17日にお田植え祭りが挙行された斎田跡

田主であった岩瀬家とのことなので、英一さんに家を見せてもらうように頼んだ。しかし、なかなか同意してくれなかった。八十五歳の父親が寝込んでいるからと保存会の人たちは遠慮がちであったが、私は何としても中に入って家の現状を見たかったので、私だけ入れて欲しいと頼み、やっと承諾を得た。

家の大木戸門の前には、十メートル×五メートルほどのコンクリート造りの池があり、大きな鯉が数匹いた。これは、主基斎田用に作られた池であった。

主基斎田には綾川の上流から水路が引かれていたが、それ以外にも岩瀬邸の後の田頃山の谷間から流れ出る清水をこの池に溜めて、夏の日照で渇水した場合の備えとしたそうだ。

英一さんが木製の大きな開き戸を開けてくれ、私だけが家の中に入って、説明を受けた。白壁の大きな納屋の屋根や壁が少々痛みかけていた。外からの見かけは立派だが、庭の池は枯れ、家も至る所修理が必要になっており、外からは見えない母屋も少々崩れかけていた。中に父親が寝込んでいるのでと、母屋の中には入れてくれず、庭に立って周囲を見ながら説明を受けた。

岩瀬家は明治初期からこの地方の豪農で、家の前の田は、どんなに日照りが続いても渇水することはなく、清水が湧き出て上質の米が収穫出来ていたそうだ。そんなこともあって香川県内での主基斎田に選ばれたのだろうと言っていた。

岩瀬辰三郎さんは当時七十歳を越えていたそうで、息子の一太《かずた》さんが後を継いだ。そしてその息子の義男、息子で曾孫の健二さんは弘子（八十一歳）さんと結婚し、照正（五十四歳）、英一（五十三歳）の二人の息子がいる。今、次男の英一さんが後を継いでいるのだが、農業だけでは生計が立たず、町の会社に勤め、半

斎田記念碑と岩瀬家

農半サラリーマンだそうだ。照正さんも英一さんもまだ独身だそうだ。どうしてか尋ねると、笑いながら「独身でいるつもりはなかったが、いつのまにか五十代になってしまった」と言った。

彼の家も、昭和二十二年に施行された戦後の農地改革で、多くの土地が没収され、小作農や他の家に安く買い取られた。今は七反八畝（七十八アール）しかなく、農業ではやっていけなくて、会社勤めを

潔斎殿の複製

岩瀬家門前の英一さん

していて、大きな家を管理する費用もままならないと、苦笑いしていた。

英一さんが、他人を家の中に入れるのを渋られたこと、斎田保存会の皆さんが家の中に入らないで遠慮した理由が、この家の荒廃を見られたくない、見たくない心情によるものだった。

実は、私の家も戦後の農地改革で土地を取られ、父はしばらくの間小作をしていた人たちとはあまりうまくいっていなかったことを、子どもながらに感じていた。その旨を英一さんに話すと、やっと心を開いてくれ、私一人を中に入れてくれたのだった。

二十分ほど屋敷の中にいて、大きな開き戸の門を出ると、他の人たちが池のそばで待っていてくれた。再び斎田地に戻り、主基斎田記念の碑について説明を受けた。その近くに、一軒の小屋があったので尋ねると、斎田行事のために建てた、刈り取られた稲を収納する〝潔斎殿〟の複製であった。

午後四時半、私は皆さんにお礼を述べて別れ、久保田さんと三好さんに、坂出の駅まで車で送ってもらった。

(4) 新生日本の明治大嘗祭

①新生日本の成り立ち

明治大嘗祭は、徳川幕藩体制が二百年以上も続いていた、江戸時代末期の影響を大きく受けているので、江戸時代末までの出来事を簡単に記しておく必要があるだろう。

日本国の特徴のひとつは、何と言っても奈良・平安時代の千三百年以上も昔から、「天皇」という社会統制機関が存在し続けていることである。ここで言う天皇は、政治的権力としての立場だけではなく、日本古来の民間信仰である天照大神への尊崇を中心とする、祖霊や精霊など八萬もの神々による神道を信仰する日本人に、安心感を覚えさせる精神的権威のような存在である。

神道は、古来の自然崇拝的な民間信仰が、外来の道教や仏教、儒教などの影響を受けて成立した、日本固有の民間信仰だが、経典や聖書のような教義はないので宗教とは言い難い。しいて言えば、天皇制そのものが神道の様なものだが、理論的に確立されてはいない。

奈良、平安時代から続いた天皇を中心とした政治体制の上に、一三九二年から始まる室町時代になって武士階級が徐々に胎動し、やがて武力による政治権力者としての将軍が権力の座に着いた。そうなると天皇は氏子代表の権威的な存在となり、日本国は天皇の権威と武士、将軍の権力による支配体制的な二重構造社会になった。

武士たちが群雄割拠した戦国時代を経た日本は、徳川幕府によってほぼ統一された。二百数十年間にわたって行われた大名たちの領地替えや、江戸を中心とする参勤交代などの制度によって、風俗習慣や言葉、道徳心、衣食住などの生活文化が、四方八方に波及しあって類似するようになり、徳川家による幕藩体制という近世の日本社会の仕組みが出来、文化的にほぼ統合されるきっかけとなった。

約二六〇年続いた江戸時代の末期に〝黒船来る〟という外国・欧米からの影響力によって鎖国的であった日本は、開国を迫られて社会が動揺し始めた。そして、幕藩体制が衰えてくると、大政奉還を訴える外様雄藩の胎動が起こった。中でも徳川幕府成立以前から続いていた長州と薩摩の二藩が立ち上がった。

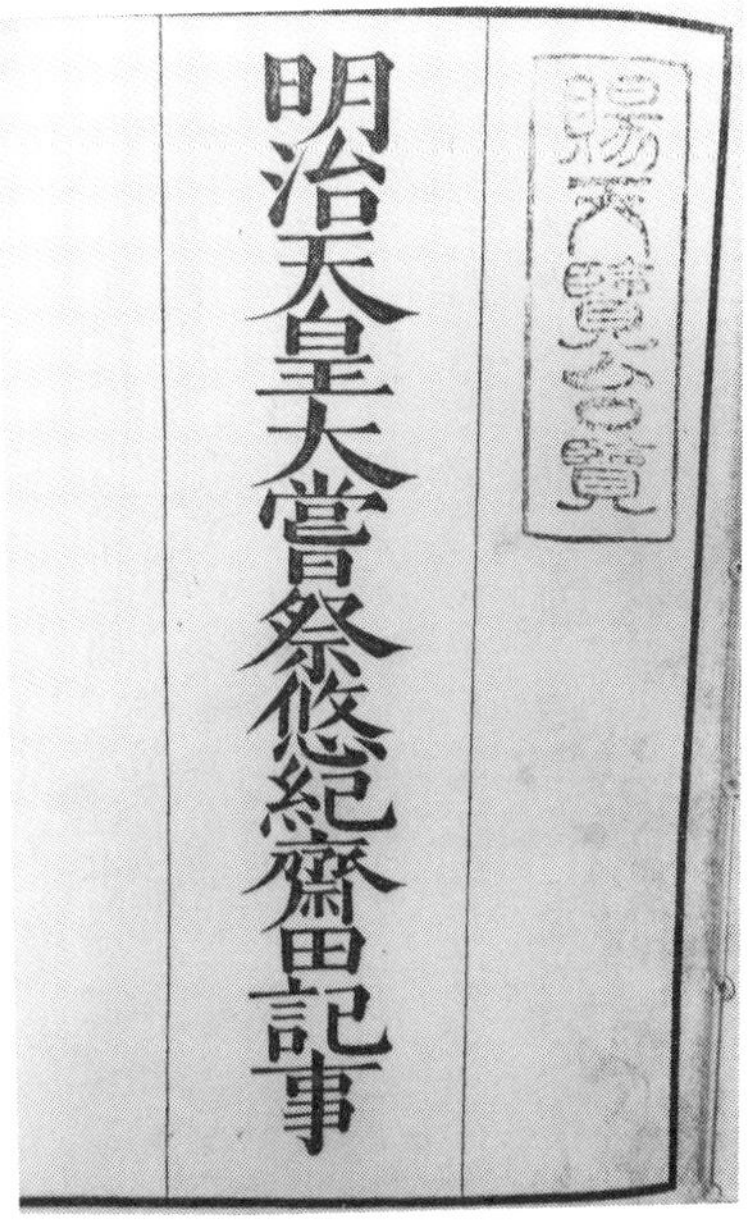
明治天皇大嘗祭悠紀齋田記事

長州（山口県）と薩摩（鹿児島県）はお互いに牽制し合っていたが、どちらも天皇を中心とする攘夷派で、倒幕思想は類似していた。そんなこともあって、長州藩の桂小五郎と薩摩藩の西郷隆盛が、土佐藩を脱藩していた坂本龍馬の計らいで手を結び、連合して倒幕することになった。

そのような倒幕運動を受けて、徳川第十五代将軍の徳川慶喜は、一八六七年十一月九日に大政奉還に同意し、政権を朝廷に返上した。

一八六八年の明治維新を迎えた日本は、やがて版籍奉還や廃藩置県などがなされ、東京を首都とする中央集権的国家となった。そして、武士のいない、天皇を中心とする立憲君主国となり、領土的には北海道や沖縄を含めた統一国家「新生日本国」が誕生した。しかし、東北や北海道がまだ統制されていなかったので、政府はまだ不安定状態であったが、東京を首都とし、天皇は京都から東京へ移られた。そして、明治四（一八七一）年、成立したばかりの新生日本政府の権限を誇示するためにも、天皇即位に必要な〝践祚《せんそ》大嘗祭〟を迎えることになった。

②悠紀斎田地甲府市石田（山梨県）

徳川幕府の江戸時代には主に京都近くの天領中より斎田を選定するのを例としていたが、新生日本が誕生したばかりの政府は、明治天皇御即位後の大嘗祭を初めて明治四年に、東京の新皇居である吹上御苑内で挙行することに決定した。そして、初めて関東の地に斎田を卜定することとなり、まだ廃藩置県がなされていなかったので、甲斐国に悠紀田、安房国に主基田が卜定された。これまでは一般的に京都から東が悠紀田、西が主基田とされていたが、明治政府は初めてのことでもあり、政情も落ち着かなかったので、東西が逆になって

いた。

二〇一八（平成三十）年六月二六日の東京は快晴であった。明治四年の大嘗祭における悠紀斎田を務めた甲府市石田地区を探訪すべく、中央線の新宿八時三十分発のあずさ七号に、三鷹駅から乗った。

東京の荻窪駅近くに住んでいる私は、平成十三（二〇〇一）年四月から平成十七（二〇〇五）年三月までの四年間、国立信州高遠少年自然の家の所長をしていたので、あずさ号にはよく乗っていたのだが、久しぶりの乗車であった。火曜日なのであまり乗客はいないだろうと思っていたら、何といろいろな国の外国人が多く乗車していて、自由席はほぼ満席であった。彼らは一体どこへ行くのだろうと思っていたら、大半の人が、山梨県の大月駅で下車した。聞くところによると、富士山を見に富士五湖へ行くのだそうだ。

乗客の少なくなった車内で窓外の山々を眺めている内に笹子峠のトンネルを抜け、甲府盆地に出た。ぶどうや桃の農園が広がる中を通って十時十四分に甲府駅に着いた。

インターネットで調べると、駅の南口に観光案内所があり、ホテルで自転車がレンタルできるとあったので、まず観光案内所を訪ねた。駅南口にあるバスの発着場にモダンな平屋の建物が長く続いており、その先端に観光案内所があった。

五〇代の肥りぎみの女性が親切に対応してくれたので、石田地区を尋ねてから悠紀斎田地を確認した。彼女は詳しくなかったが、上石田三丁目の南西第一児童公園に大きな石碑があるので、きっとそこだと教えてくれ、三、四キロの距離だという。そして、すぐ近くの東急インで自転車がレンタルできるとのことだった。

荒川にかかる橋

早速、ホテルへ行くと一階のフロントで対応してくれ、運転免許証を見せ、半日五百円で借りられた。案内所でもらった地図で確かめながら荒川に向かって自転車を走らせた。少々上り坂であり、日差しが強いので汗が顔面を流れる。

私は世界の多くの国を旅しているので、地図を見ての土地勘はある。なんとか荒川にかかる橋に着いた。石田巾百メートル足らずの橋を渡って下り坂を進み、石田三丁目の石田小学校前まで来たが、道がよく分からない。まずは地元の人に尋ねようとしたが、人通りがない。やっと中年の女性が自転車で通りかかったので尋ねたが、何も知らなかった。

もう少し進んで、道沿いの家の庭で自家用車に乗ろうとしていた、三十代の女性に尋ねたがあまり知らなかった。彼女は他の人に確認してくれたので、石田小学校前まで引き返して左折した。二百メートルほど進み、右折すると公園らしき森が見えた。そこが県営公園であった。公園には誰もいなかった。桜や欅、サンゴ樹などの大木が茂り、子どもの遊具がある公園。立ち入り自由なので中に入ってみると、公園の東北部に高さ十メートル近くもある細長い立派な石碑が建立されていた。それには大きく立派な文

塩野芳和さん

南西第一公園に建つ斎田記念碑

字で〝明治天皇悠紀御斎田蹟〟と記されていた。

近所の人に尋ねようと、周囲に人を探したが、誰もいない。家はあるが人通りがないのでさびれた感じがする。公園の対面の角にはハングル文字の看板のかかる韓国系の店があったが誰もいない。仕方なく、石碑に一番近い、門柱に塩野と表記している民家の庭に入って行き、声をかけたが返答がなかった。留守かなと思いしばらくして戻りかけていると、男の声がして、玄関のガラス戸が開き、中老の人が出てきた。塩野芳和さん（六十三歳）であった。

名刺を渡し、東京から悠紀斎田の跡を見に来たと伝えると、彼はにこやかな表情で、「そうですか、それでは現場に行って話しましょう」と言って先に進んでくれた。

六十歳まで甲府市役所で務めていたという塩野さんが子どもの頃の昭和三十年代は、この辺は水田ばかりで家はなかった。この辺の大半の土地は、大地主の山田家の土地であった。塩野家は自作農で、今住んでい

「明治天皇悠紀御斎田跡」の碑

る家は昭和二十一年に父親が自分の土地に建てたそうだ。当時は周囲に家はなく、水田ばかりでこの公園の地が彼の遊び場でもあったそうだ。

しかし、昭和四十七年頃からの区画整理で宅地に造成されてから徐々に家が建ち始めたので、今では住宅地になって田圃はない。斎田跡地周辺の人は、ほとんど新しい住民で悠紀斎田のことは知らないし、それに韓国系の人が多いという。

この児童公園は、甲府市が昭和四十五年に南西土地区画整理事業を行った時、その一環として拡幅された南西第一公園だそうだ。

彼は石碑の前でしばらく話してくれたが、私より詳しい人がいるからと、早速携帯で電話をして、九十歳の古屋民夫さんを紹介してくれた。

自転車で五、六分の古屋さん宅を訪ねると、近くの畑から戻ったばかりで、半裸に近い老人が迎えてくれた。彼は郷土史研究家で、古い文献や沢山の資料を保存しており、自分の資料室に案内し、資料を見ながら詳しく話してくれた。

この地が選ばれたのは、中国古代の占いの方法で亀の甲に穴を開け、焼いた木の棒をもみ込んでできる割れ目の形で占う〝亀卜〟によって、悠紀田は甲斐の国（現山梨県）が、主基田には安房の国（現千

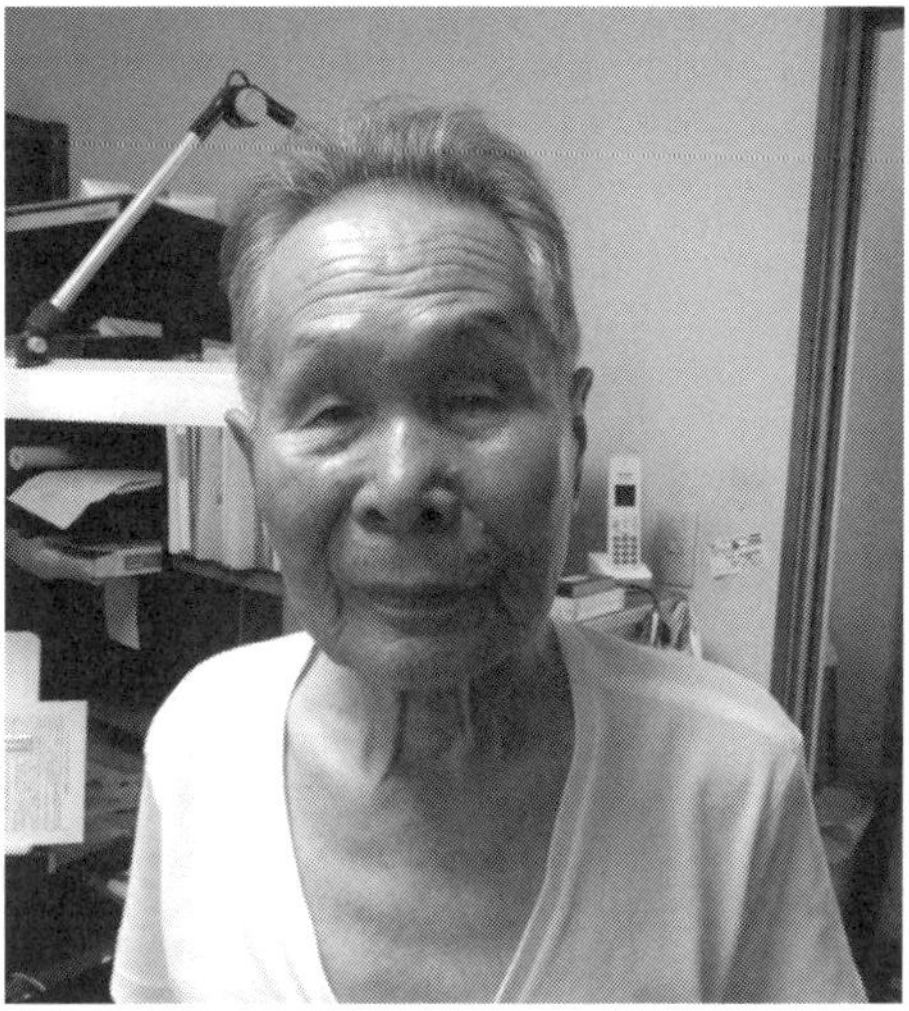

古屋民夫さん

葉県）となったという。

時の県令（まだ知事ではなかった）は喜んで命を受け、数ある候補地の中から、明治四年五月二十三日に巨摩郡上石田村字仲村長《おさ》百姓・山田松之丈の持田・六反六畝九歩（六五七五平方米）が選ばれた。

上石田村は、荒川の西岸にあり、甲府市に接している。この辺は、よい水が流れ、古代より稲作が盛んであった。甲府盆地では最も豊かな農地で、よい米が収穫できることで知られていた。

この辺の大地主であった山田家は、古い家柄で武田家に仕えていたが滅亡後は、徳川家に仕えたこともあり、古くから名字帯刀が許されていた。

明治元年に家督を継いだ山田松之丈は、悠紀斎田に選ばれた栄誉を受けて、一門をあげて耕作の重任を果たしたそうだ。

栽培にあたっては、田圃の周囲に忌竹を立て、しめ縄を張り、不浄をさけ、収穫前の十数日は二人一組の夜番を出し、非常に気を配ったとのこと。

九月九日（旧暦）には、抜穂使として一行八名が東京から見え、十日に荒川で関係者一同の大禊を行った。斎田の方にも仮の神殿を作り、大掛かりな収穫の儀式が行われた。刈り取り、脱穀、調整、乾

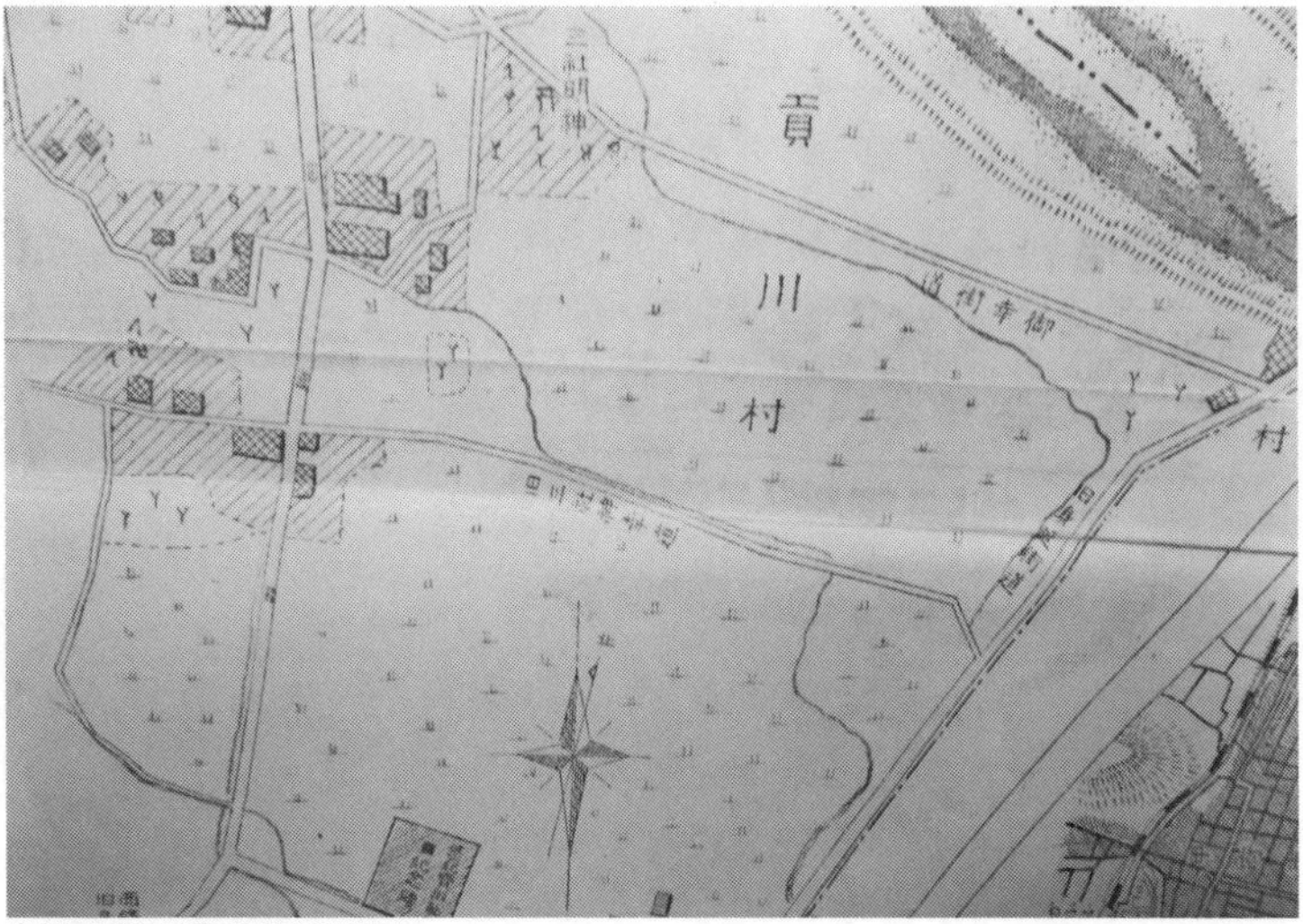

明治時代の斎田地近辺図

燥などに五、六日を費やし、抜穂使は九月十六日に収穫した米を持って帰京したとのこと。

その後、大正四年に大正天皇の大嘗祭が行われた時、地元の有志が話し合い、斎田跡を保存する運動が起った。敷地は山田家の寄付により、県の予算がつき青年団や学生の協力もあって大正十一年三月に斎田跡を埋め立てて整備し、大嘗祭の記念碑が建立された。その後拡張されて公園になった。

古屋さん宅に一時間もいた。〝明治天皇大嘗祭悠紀斎田記事〟や大日本農会が発行している月刊誌〝農業〟に連載していた藤倉稔さんの〝御斎田跡を訪ねて〟の⑴から⑹までのコピーなど多くの資料をいただいた。

古屋さんに教えて頂いた近くの大田主であった山田宅を訪ねた。現在歯科医院をしている曾孫には会えなかったが、その若い奥さんに会って話した。彼女によると、もう一切かかわりたくないし、昭和三十年代に家を建て替える時、大嘗祭にかかわるものは全て捨てたという。新しい家の中に入ることもできなかったが、大きな木製

山田家の古い門

の門が残っており、撮影させてもらった。
話によると、昭和二十二年の農地改革で多くの土地が没収され、多くの村人が山田家の土地を使用しているので、山田家の人々は、当時のことには触れたくないのだということだった。
私の取材目的を説明し、いろいろなことを尋ねていたら、十三年前に山田家に嫁いだ若奥さんの彼女が矢野さんを紹介してくれた。石田地区自治会連合会長の矢野和彦氏（七十七歳）を訪ねた。彼の家の玄関先に座って、悠紀田に関する現在の様子を聞いた。
昭和六十年の今から三十数年前、この石田地区に〝お俵連《たわられん》〟ができ、毎年お祭りをするようになった。お俵連は、明治天皇即位の大嘗祭にお米を献上したことによる名称だそうだ。この地区は昭和四十四年から〝悠紀自治会〟の名称で活動をし、毎年十月第四の土曜日にお俵連の祭をしている。そして、昭和四十四年からは、地域の中心通りの約二キロメートルを、「悠紀田通り」という名称にしたそうだ。

お俵連祭り（チラシのコピー）

今年は、約三百万円で、幅二メートル、長さ四メートル、高さ三・八メートルの新しい山車を作ったので、十月二十七日のお祭りには、子どもから老人までが一緒に山車を引き回る予定だそうだ。

百四十六年前の明治大嘗祭における悠紀田の行事が、戦後の民主主義社会になって二十年以上も過ぎてから、地元の人々に悠紀斎田が徐々に再認識され、お祭りが段々と盛り上がりを見せているとのことだった。

矢野さんから、お俵連祭のことをいろいろ聞き出した後、甲府駅から三時過ぎのあずさに乗って帰京した。

③主基斎田地安房鴨川（千葉県）

明治天皇御即位継承の折、明治四年三月宮中で行われた亀甲占いの結果、主基斎田が当時の花房藩（現鴨川地方）に卜定された。廃藩置県前でまだ残っていた花房藩は早速当時の北小町村関下仲の坪を指定した。お祓いを受けた水田所有者五名のうち、前田氏所有の水田が御田植行事に使われたそうだ。御田植えは村の代表と地主ら十一人が羽織袴姿で水田に入って行われたという。田植え後の斎田は竹で囲い、しめ縄をはり、中に神殿番屋を作り、明治四年七月には廃藩置県が断行されたが、収穫まで花房藩の役人が昼夜厳重な警護にあたったそうだ。

斎田の稲の収穫の時は、宮中から白川の宮以下七十名が、明治四年九月二十四日に現地に到着。二十五日に加茂川祓い、二十六日が八神殿祓い、二十七日が稲刈りで、羽織袴姿で村人十一人が刈り取った後、稲実殿に稲を供えた。二十八日が稲こがし、二十九日に白川の宮に米を上納。そして、九月三十日に駕籠《かご》人夫にて搬送。植野、大多喜、長南、登戸、船橋、千住を経由して、十月三日に無事神祇省に到着と記されているそうだ。

その後精米、白酒、黒酒の醸造が行われ、大嘗祭は十一月十七日から始まり、十一月十九日、めでたく主基殿での行事が執り行われて役目を果たした。

その後、この地方では毎年記念祭を執り行い、奉祝行事が続けられていたが、やがて十年毎になったと文献に記されていたので、斎田地の現場を踏査しようと思い、千葉県鴨川市を訪れることにした。

二〇一八（平成三十）年六月二十一日（金）、午前七時三十五分東京駅前の二番乗り場発の安房鴨川行き京成高速バス、アクシー号の一番前の席に乗った。客は少なくて十数名。

天気予報によると、梅雨期だが、関東は晴れ時々曇りなどとなっていたので、明治大嘗祭の主基斎田の現地を確認しようと思い立っての行動。

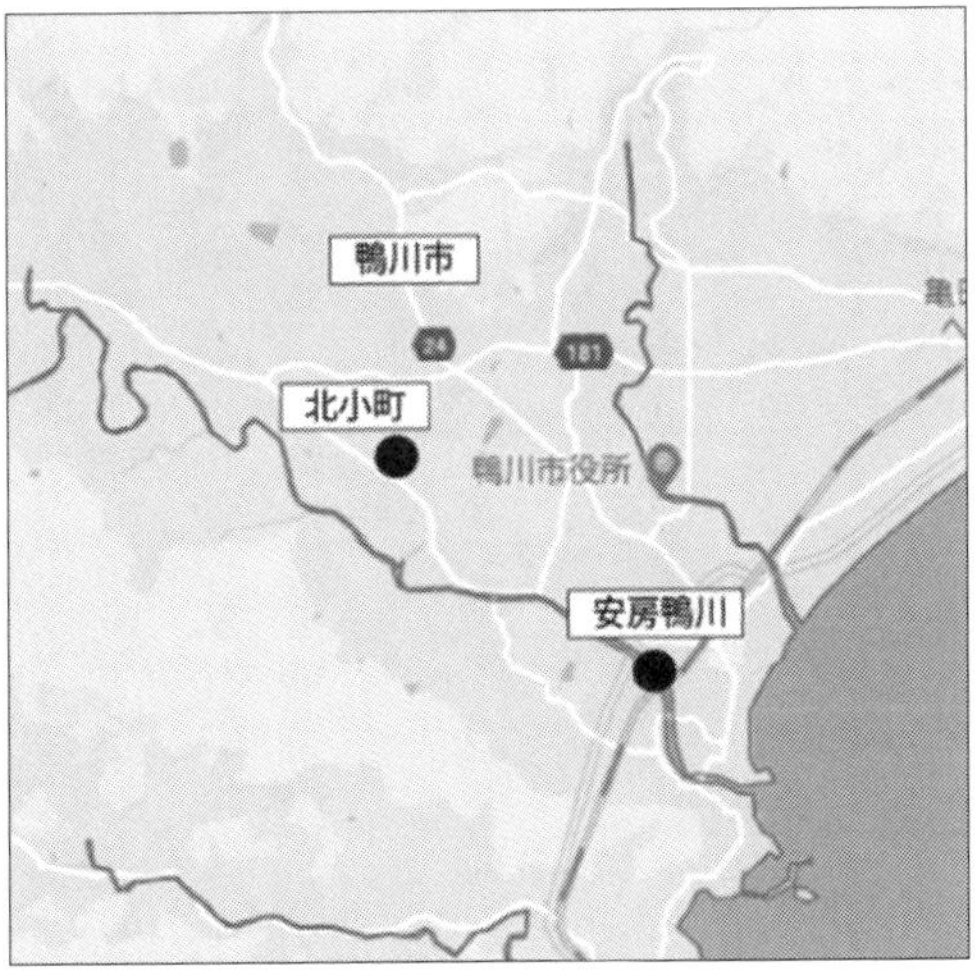

長狭街道沿いの斎田標識

まず首都高からアクアラインを通って湾岸道路を走り千葉に着いた。ここで乗車する人が数人いたが下車する人はいなかった。

木更津で下車する人が数人いて、やがて東に向かって山の中を走った。房総スカイラインで道は良い。うとうとしながら走っているうちに、山の中の工場地帯らしい所で客が数人降りた。緑の多い山間を走り、所々に小さな村がある。幅四十キロくらいの房総半島を横断しているのだが、行けども行けども山また山という感じで、山奥に向かっているような気がする。山の中に片倉ダムとか金山ダムの標識があるがバスからは見えない。気づかなかったが、バスは数百メートルの高地を走っていたのか、やがて下り始めた。そして平地に出た所が鴨川であった。

鴨川駅の南側のバス停のある所に九時五十五分に着いた。途中で下車したので、客は私と若い女性の二人になっていた。駅前には大きなショッピングモールの建物はあるが、食堂や商店などない新しく整地された閑散とした所。

駅前に市の案内所があり、自転車がレンタルできると聞いていたのだがなかった。もしかすると反対側ではと思い、橋状になった駅舎を通って北側に出ると、四、五十年前から変わっていないような、南側と対照的な古ぼけた駅前があった。その北寄りの小さな家に近づいて見ると、〝鴨川市観光協会〟と表記されていたので、ガラス戸を押して中に入った。

中年の女性二人と男が一人座っていた。応対してくれた女性は案外親切であった。まず拡大地図をもらい、主基斎田地を尋ねると、地図上に〝主基〟と記している所を指差して、「多分ここでしょう」と教えてくれた。駅から四～五キロメートルだという。それでは自転車で行ける範囲だと思い、自転車のレンタルについて尋ねると、ここが貸し出し場所だという。なんと、入り口に小さな電動自転車が三台ならんでいた。運転免許証を見せ、半日五百円だが保証金二千円を払って借りた。

早速電動自転車をこいで、教えられた長狭《ながさ》街道を走る。地図には標高がしるされており、ゆるやかな上り坂を西北西に向かって進む。電動式なので、普通は〝3〟でも良いが、上り坂道になると一番強い〝1〟にしてペダルを踏むと、案外軽く、思ったより楽に進めた。町はずれの標高が二十五メートルの当たりから水田が広がり始めた。長狭街道に沿って昔ながらの田園風景が続いている。

加茂川沿いのこの地方は、江戸時代の昔から「江戸の

斎田跡の森

長狭街道沿いの案内

寿司米」として、うまい米の〝長狭米《ながさまい》〟の産地として知られる穀倉地帯であった。

三十分も進んだ所で進行右側がゆるい斜面になっており、棚田が広がっていた。その中に、ぽつりと森が見えた。直感で、あれは斎田跡に違いないと思いながら街道を進んだ。誰かに尋ねようと思うのだが車は走れども人は見当たらない。やがて標高三十五メートルの地点に北小町入口のバス停があり、そこに「斎田跡公園入口」の標識があった。矢印に沿って右に折れて二百メートルも進んだ。そこから棚田に平行に沿った道があり、再び右に折れ、小さな森を目指して二百メートルほど進んだ田圃の中に〝主基斎田跡公園〟の標識があった。公園は、水田を一メートルほど高く埋めた一辺二十メートルくらいの方型の森になっている。公園の中央部に、花崗岩の細長い大きな碑が立っていた。南側の正面には、〝明治天皇大嘗祭御斎田主基之地〟と表記されていた。

この辺の地勢は、南に嶺岡山脈が連なり、北には低い山が東西に続き、南に下るに従って緩い傾斜になっている。ここはその傾斜地にあり、棚田が広がっており、近くに家はない。大きな谷間の中央は低く、加茂川（別名長狭川）が西より東の太平洋に流れ出ているので、東西に広がる平地になっている。

斎田記念碑

主基斎田跡公園

背の高い樹々に囲まれた記念碑の北側の裏には文字が沢山記されているが、小さくてよく判読できない。公園の北側に〝主基斎田の址〟として次のような説明が記されていた。

〝明治四年、明治天皇の御即位大嘗祭にあたり、主基殿に奉献される新穀の斎田の地として、長狭群北川町字仲之坪が卜定されました。

主基斎田は現在、鴨川市北小町千八百五十番地他五筆およそ六十アールで、当時はこの隣地に八神殿、稲実殿、幕社、御備所がたてられ、花房藩の役人が番屋で警備したほどであったと伝えられています。

以来十年目毎に斎田址において記念祭が行われてきましたが、昭和五十五年の明治神宮の鎮座六十年の大祭を機会に、毎年主基斎田の初穂と、斎田より収穫した新米で醸造した神酒『白酒』が明治神宮に奉献されています。

現在主基の地方は、小学校に名を残すのみとなっていますが、主基斎田に因み名付けられた旧主基村は、

石井貢さん

石井家の門柱

模範村として、また長狭米の産地として広く知られています。

鴨川市〟

こんな説明板があり、南西の所には大きな米粒型の石碑があった。そこには〝長狭米・日本の米作り百選・平成三年二月十八日選定〟と記されていた。

当時はまだ廃藩置県が徹底していなかったので、江戸時代末期の〝花房藩〟がそのまま残っていたが、やがて千葉県に属することになった。

周囲は、一カ月ほど前に植えられた青々とした稲田が広がっていて、人は通らない。公園から五、六百メートル離れた東側の所に家があり、近くで村人二人が話しているのが見えた。話を聞きたくて農道に自転車を走らせた。三十代の男と六十代と思える婦人がいた。話しかけると男は外来者で何も知らなかったが、婦人は地元の人であった。彼女によると、すぐ近くの家が地主の一人であった石井さん宅であるというので、早速訪ねた。

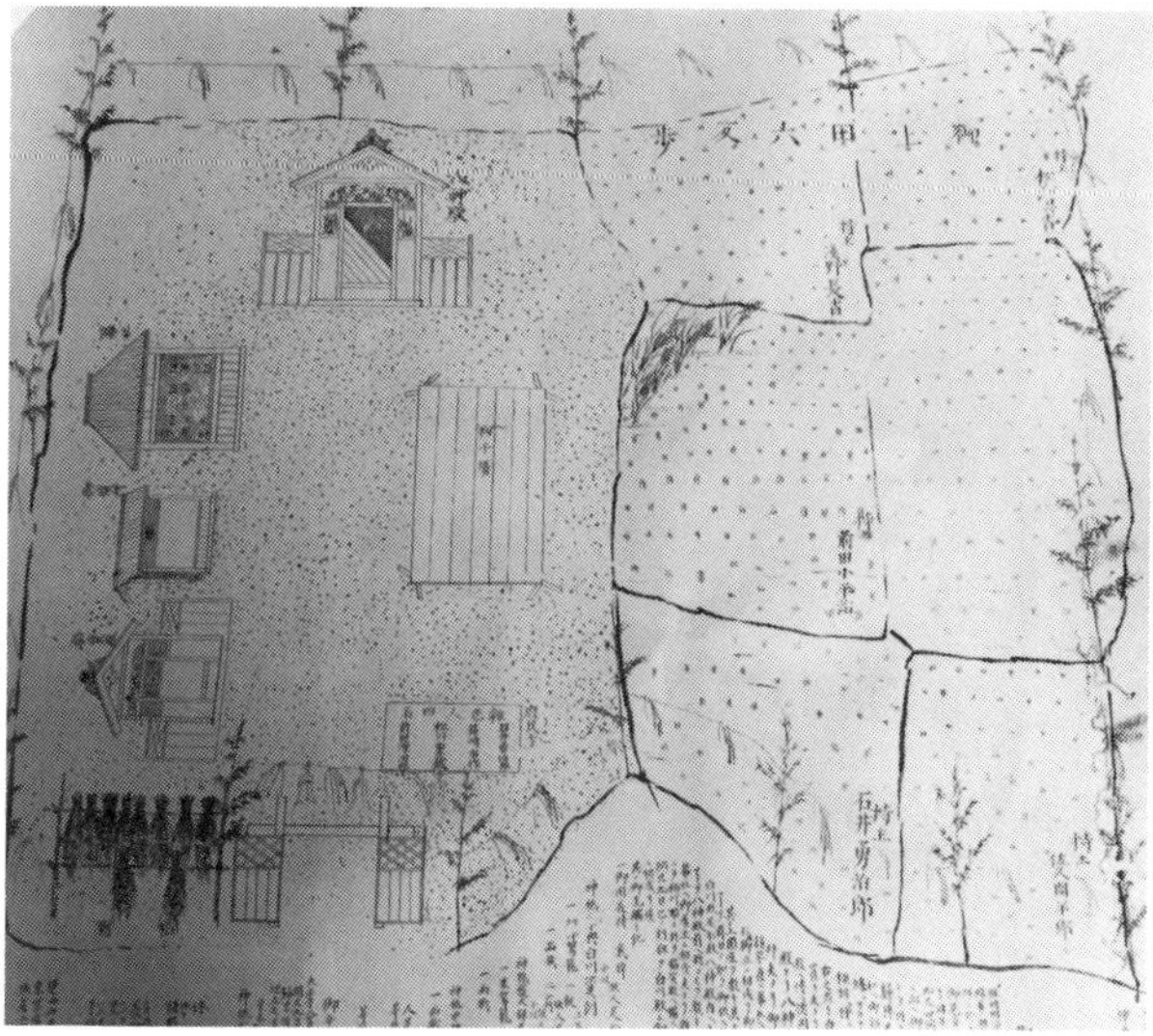

御上田六反歩之図のコピー

大きな石の門柱のある家は、モダンで旧家のようではないが敷地は広い。五十代くらいの婦人がいたので、名刺を出して、主基斎田の件を告げると、大きな声で誰かに呼びかけた。しばらくして老人が出てきた。九十四歳の石井貢さんであった。すぐに家の中に招き入れられて、応接間らしき所で話を聞くことができた。

石井家は、五人の大田主の一人であった。五人の地主はいずれもこの地方の豪農で村のリーダー格の人達だった。当時の頭主は石井勇治郎さんであった。その子どもが謹二さんで、八九歳で死亡した。その子、勇治郎さんの孫が貢さん。貢さんの子修治（六十二歳）さんが今は頭主になっている。貢さんは、祖父から斎田のことはあまり聞いていなかったという。

貢さんは高齢だが、まだしっかりしており、三十分ほど話した。何か記念品があれば撮影したいと尋ねたが、当時の斎田に関するものは、〝御上田六反歩之図〟のコピーが一枚あるだけで、古文書や祭器、農具や報奨品など何もなかった。石井貢さんを撮影し、お礼を述べて別れた。

石井邸を辞した後、長狭街道を更に西に進んでいると、〝主基交差点〟の標識があり、道沿いにバス

バスの主基駅

乗り場の〝主基駅〟の円型標識がある。そこから三キロメートルほど進んだ道沿いに亀田酒造があった。インターネットで調べると、ここに悠紀斎田や酒造関係の資料が展示されているとのことであった。

八代目当主の亀田芳雄（九十二歳）さんに会い、この地方の歴史や明治悠紀斎田との関わりについて尋ねた。

北小町の村は斎田地に選ばれた栄誉を称え、〝主基村〟と改称した。そして、その後北小町小学校を〝主基小学校〟と改名した。現在、主基の地名は小学校のみになり、主基村は鴨川市北小町になっている。

昭和五十六年、百十年目の記念祭に、明治神宮の高澤宮司が来られて、明治天皇の斎田が、昔のままの姿で残されていることに感動され、今後明治神宮の大祭に主基斎田の稲穂と白酒の奉納の件が提案された。早速当時の地域の有力者が集い、検討の結果、〝崇敬会〟を組織して毎年明治神宮新穀感謝祭に、主基斎田の稲穂と白酒を奉納することに決定した。

白酒は長狭米を使用して、ここ亀田酒造本家醸造の、こしひかり五十パーセント精白の高精白米を使った大吟醸を奉納することになっていると、亀田さんが、特別に作られたその醸造場所を案内してく

長狭米の記念碑

亀田芳雄さん

奉納される稲穂

亀田酒造本家の白酒醸造場所

れた。

亀田さんに一時間も話を聞き、美味しい冷酒を一本いただき、午後二時半に安房鴨川駅に戻った。まだ少々時間があったので、斎田跡に関する市の窓口になっている生涯学習課を訪ねた。そこで、〝鴨川市風土記・第二巻の即位の礼と大嘗祭―主基田をしのぶ〟、池田洋之さんの記事のコピーをいただいた。他には何もないとのことだった。

鴨川の海岸で太平洋の大海原を眺めた後、三時三十分発東京行きのＪＲ外房線の特急さざなみ号で帰京した。

(5)年代不詳の備中主基斎田跡（岡山県）

①吉備中央町へ

岡山県西部の吉備中央町には、年代不詳の斎田跡があることをインターネットで知った。岡山県西部の古い名称は〝備中〟で、十八回も主基斎田地になっていたので、どんな所で、どんな形状をしているのか現場を見ておきたかった。大正時代の斎田地香川県を訪れた機会に、岡山県に立ち寄ることにした。

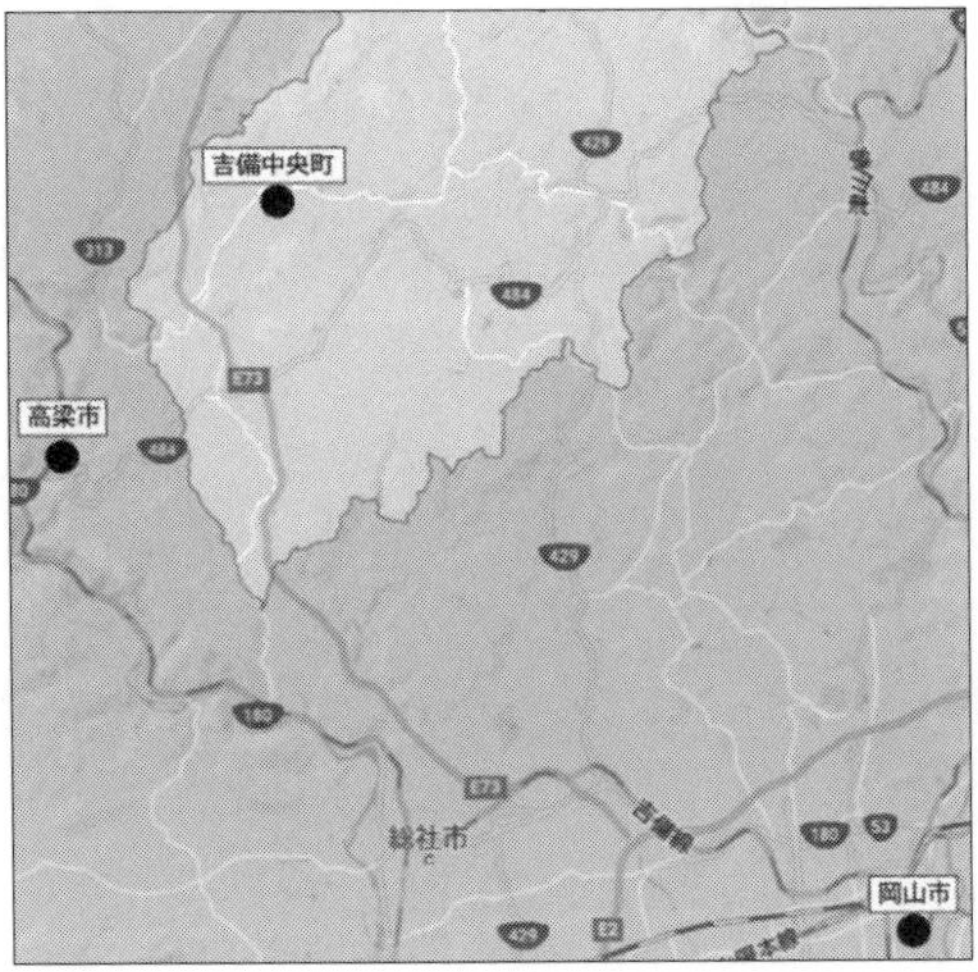

四国の香川県と中国地方の岡山県は瀬戸内海を隔ててはいるが、今では瀬戸大橋がかかって時間的には近いので、綾川町の主基斎田を見たついでに、岡山県吉備中央町にある年代不詳の主基斎田跡を見る予定で、前もって調べておいた。七月十八日、香川県綾川町から久保田課長と三好主任に車で送ってもらい、坂出駅発五時七分の岡山駅行きの快速電車に乗った。

岡山駅には午後五時三十分に着いた。吉備中央町には伯備線で高梁《たかはし》駅まで行き、そこからバスで行く予定であった。しかし、先の七月八日に西日本に豪雨をもたらし、広島県や岡山県に洪水を発生させた台風七号の被害が甚大で、伯備線は線路が破壊されて高梁駅の四つ手前までしか行かないとのことであった。

駅員に尋ねるとバスで行くしかないという。駅前の中鉄バス（岡山県西方面）センターの十番窓口で、五十代の大変親切な女性職員が対応してくれた。

午後六時半過ぎであったので、吉備中央町行きのバスはもうなかった。しかし、近くの吉備高原（リハビリセンター線）行きのバスがまだある。そこまで行って、近くの吉備高原リゾートホテルに泊まって、明朝行けばよいと教えてくれた。

坂出駅を出る時には晴れていたが、岡山駅の空は雲が多かった。途中児島駅の近辺で青空と雲り空の境があり、窓越しに釣針型の不思議な形の雲が見られた。

明日の天候を心配しながらバス停に座って待った。明日の案内を頼んでいた吉備中央町の地方史に詳しい下山親志さんに電話をし、事情を説明すると、明朝車で吉備高原リゾートホテルまで迎えに行くとのことだったので、不安な気持ちが楽になった。

午後七時七分発の最終バスに乗った。乗客は十数名であったが、私の前に座っていた女学生に、きびプラザの中にあるリゾートホテルの件を尋ねたら、よく知っており彼女も吉備高原まで行くという。

岡山への通学用にこのバスを使っているのかと尋ねると、いつもは高梁駅に出て伯備線で岡山に行くのだが、今は伯備線が使えないので仕方なくこのバスを利用している。吉備高原のバス停に父親が車で迎えに来てくれているはずとのことだった。

バスは空港と同じ方向に走っているはずだが、道はよいが周囲は暗く両側は林で家や明かりなど何もないので、大変な秘境に向かって走っているような気がする。

児島駅近くで見た釣針型の雲

随分山奥に来たような気がしていると、八時五分、きびプラザという大きな建物の前に着いて下車した。大きな建物があるだけで、周囲は暗い。女学生と別れて建物の三階にあるリゾートホテルの受付に着いた。岡山のバスセンターから予約の電話を入れていたのですぐに対応してくれた。
三一五号室はダブルベットで、バス、トイレ、テレビ、冷蔵庫付でよい部屋。とにかく今日の日中は暑かったので、身体がほてって水をよく飲んだ。ビールを飲み、なんとか落ち着いたので、明日の予備知識として、集めた資料に目を通した。

②歴代の斎田地と回数

古く平安時代以来、京都から東の悠紀田、西の主基田は、交通の便が悪かったこともあり、京都から遠くない地方（天領が多かった）が選ばれていた。

悠紀田は近江地方が特に多く、なんと五十回も選ばれている。主基田は丹波が三十三回、そして吉備地方（現岡山県）は備前が四回、美作が二回、備中は何と十八回も選ばれているので合計二十四回。備中とは、今日の岡山県西部で吉備中央町の辺りである。

備中国最初の主基斎田は、天長十年即位の第五十四代仁明天皇で、最後が応永二十一年即位の第百一代称光天皇の時であり、今から約六百六年前。

最後から二番目の第九十六代後醍醐天皇は、文保二年（紀元一三一八年）即位で、今から約七百年前のことである。これから行く主基斎田の跡は、この後醍醐天皇時代のものではないかと言われている。もしかすると、古代に於いての備中には天領があったのかもしれない。

第四十代の天武天皇以後の大嘗祭における悠紀・主基地方は、いろいろな資料によると次ページの一覧表のようになっている。

七月十九日、午前九時に、下山さんがリゾートホテルに車で迎えに来てくれた。名刺を交換すると、彼の肩書は、豊野公民館・館長下山親志とあった。確認はしなかったが、六十代後半くらいの小柄な人。温厚で親切そうな表情は、いつも微笑んでいた。

彼が渡してくれた、平成十一年十一月に主基田伝承地保存会が発行した「主基田伝承地記録」には、平成十一年に建立した主基田伝承地顕彰碑のことについて詳しく報告されていた。

今日の予定について三十分程話し合って、まずは斎田跡の現場に行くことにして、ホテルを出た。

悠紀地方	回数	主基地方	回数
播磨《はりま》（兵庫県西部）	3	丹波《たんば》（京都府）	33
美濃《みの》（岐阜県西部）	3	因幡《いなば》（島根県東部）	2
遠江《とうとうみ》（静岡県西部）	2	尾張《おわり》（愛知県西部）	1
因幡《いなば》（島根県東部）	1	但馬《たじま》（兵庫県北部）	2
丹波《たんば》（京都府）	1	備前《びぜん》（岡山県東南部）	4
参河《みかわ》（愛知県東部）	3	美濃《みの》（岐阜県西部）	1
越前《えちぜん》（福井県東部）	1	播磨《はりま》（兵庫県西部）	4
伊勢《いせ》（三重県南部）	3	美作《みまさか》（岡山県北部）	2
近江《おうみ》（滋賀県）	50	備中《びっちゅう》（岡山県西部）	18
甲斐《かい》（山梨県）	1	安房《あわ》（千葉県）	1
岡崎（愛知県）	1	綾川（香川県）	1
野洲（滋賀県）	1	福岡（福岡県）	1
五城目（秋田県）	1	玖珠（大分県）	1

初めての場所で地理にうといが、山合に水田があり、川沿いや山麓には村があった。平安、奈良の時代から、この備中地方は、なんと十八回も主基斎田になっている。それは、この地方が古くから京都の公家に縁《ゆかり》が深かったか、天領であったからのようだ。斎田跡のある地域が、古くは石村《いわ》と呼ばれていたそうだが、後冷泉天皇の永承元年（一〇四六）十月十五日の大嘗会に、主基方備中国より献上したことについて〝大嘗会和歌集〟の中に、藤原朝臣家経の詩が記録されている。

〝君が代はまさごのなれる石村《いわ》を　山の高ねにあふぐべき哉〟

下山さんから受け取っていた資料にこのように書いているので、斎田のある石《いわ》（岩）村は、古くから中央に知られていたのだろう。地図を見ながらだが、吉川川と湯山川が合流してすぐに宇甘《うかい》川に合流する三角点に川合神社があった。

そこから宇甘川沿いに上流に向かって水田地帯を走り、豊野地域に入った。大きな道をそれて一車線の道に入り、すぐに豊野小学校横を通った。そして、東豊野神社の前を通って、尾原賀陽線と記されたゆるやかな坂道を上った。やがて右にそれて田圃の中の小道を三、四百メートル走った川沿いで車が止まった。

③十八回もの備中主基斎田とゆりわ田

下山さんに促されて車を出ると、ゆるやかな山合の谷底で、矢野川を挟んで棚田が広がっていた。

「ここが斎田跡ですよ」

指差されてみると、周囲の田より三、四十センチ高くなった円形状の田があった。周囲は棚田で長方形が多いが、斎田跡といわれる三十アール（三畝）ほどの田だけが円形で盛り上がっている。それに六月初めに植えられた稲が円形状に青々としているので、なんとも不思議なというより、独特な形状で、さも斎田跡であるかのような雰囲気が漂っている。

車から二、三十メートル歩いた丸い田の斜面に、高さ五十センチ、四方一メートルほどのコンクリート台の上に、高さ三メートル以上もありそうな石碑が建立されていた。そこには、上の方に〝主基田伝承地〟と大書され、その下の方に小さな字で古事来歴が書かれていた。

ゆりわ田

〝豊野の矢野川の辺に「ゆりわ田」がある。昔天皇様に上げる稲を作った田だそうだ。「しゅらいでん」とも言って主基田だったということです。水の便のよい矢野川に接し、これが主基斎田の後の型をとどめている、三畝位な丸い田で、稲は縁のほうから中へまるく植える、と伝えられている。〟

主基田の直系は約十八メートルの円で三畝＝約九十坪と神社の記録にあるそうなので、約三百平方メートル。周囲の田圃より高くなっているのは周りの悪水が流れ込まないように、矢野川から直接給水させるサイホン式の給水設備が施してあるそうだ。

なんでも円形の田圃なので、〝ゆり輪田〟とも呼ばれていたそうだ。ところが、県の圃場整備が行われることになった。しかし、この史蹟を残すために、先人を含む多くの住民の願いと努力の結果、永久保存が実現した。

備中国石村の主基田伝承顕彰碑々文は次のように記されている。

〝平安時代より、天皇が即位されたときに行われる、大嘗祭に献上する米を栽培した田（主基田）と昔から言い伝えられております。

この田は円形で周囲の水田より数十センチほど高い位置にあり、矢野川からきれいな用水が直接給水されており、伝承地として地域内外に知られています。

昭和五十六年頃、周辺の水田の圃場整備事業が施行されましたが、地元有志の強い要望により、昔のままの形で保存されました。

平成二年の今上天皇即位の禮には、この水田から収穫した米が献上されました。〟

私は、円形田圃の周囲を回っていろいろな角度から眺めたが、どこから見ても円形に見えた。何のために円形にしたのか、下山さんもよくは知らなかった。しかし、史蹟探究資料抜粋によると、次のように記されている。

〝その形が飯を入れる櫃の竹の輪である〝ゆりわ〟に似た円形をしているので、御飯になる米を作る入れ物（田）であるから、これに因んで表現したものと思われる〟

古代からのままの形なのだそうで、何かの理由はあるのだろうが、まだ十分に解明はされていない。

ゆりわ田川上風景（スクモ山から）

ゆりわ田川下風景

ゆりわ田から見た「スクモ山」

ゆりわ田の水路

下山親志さん

この斎田は、一三一八年、文保二年に即位した第九十六代後醍醐天皇の主基田ではないかと、平山さんが大嘗祭に詠まれた和歌から推定されていると言った。

もしかすると、備中は十八回も主基斎田地になっていたので、この特別な形の〝ゆりわ田〟が、指定地であったのかもしれない。

上流に向かって斎田の左側は棚田が続き、その上の山麓に家が十数軒見えるが、矢野川をはさんで右側の方には平地に水田があるだけで家は山麓に一軒しかない。

斎田跡から百メートルほど川上へ離れた、矢野川にかかるようなやや高い所に〝スクモ山〟と呼ばれる林がある。スクモ山は周囲が円形をした広さ二畝位の独立した小山。〝スクモ〟とは籾殻のことで、主基田で栽培された稲を、脱穀して玄米にするとき、この山を利用していたので、〝スクモ山〟と名付けられたのではないかと言われている。

こんな山奥からどのようにして京都まで米を運んだのか、下山さんに尋ねた。「ここから宇甘川を遡って、一つの峠を越して高梁に出る。そこから高梁川を川船で下って倉敷には容易に着ける。その後

スクモ山から見下ろしたゆりわ田

は海船で京都に運びました」とのことで、そう難題なことではなかったそうだ。古代においての川は、川船による高速道路であったので、案外便利な山間地で、うまい米のできる所であったようだ。
　この斎田跡周囲の田は、神社の大祭のとき主要な役目を果たした稲田、即ち神田として氏子が管理をしていたが、昭和二十二年の農地改革で払い下げられ、今日では円形の斎田跡地以外は個人の所有地になっている。
　私は、下山さんの説明を聞きながら、周囲を歩き回って見た。スクモ山にも登って上からも円形状の田を見た。夏の日差しを受けながら、汗をふきふき、一時間ほど滞在して、いろんな角度から撮影した。
　午後一時前に下山さんが館長をしている豊野公民館に入って、冷たいお茶をいただいた。冷房の効いた部屋で三十分くらい休んだ後、岡山空港まで車で送ってもらい、午後二時過ぎの便で東京に戻った。

2 大嘗祭の起こりと神社信仰

(1)新嘗祭から大嘗祭へ

①弥生時代からの新嘗祭

稲作農耕民には、古くから収穫した稲穂を精霊や祖霊である神に供え、収穫を感謝する儀礼があった。その収穫儀礼の原型は、水田稲作が日本に流入してきた弥生時代（紀元前三世紀頃から紀元三世紀頃）からあったとされている。その儀礼がなんと呼ばれていたかははっきりしていない。しかし、古墳時代（三世紀末から六世紀中頃）の終わり頃には、まだ文字（漢字）は十分に使用されていなかったが、神社祭礼として、〝新嘗〟と呼ばれていたようだった。

日本で最も古いとされている歴史書で、紀元七一二年に記されている「古事記」の中では、スサノオの命は、姉君のアマテラス大神に向かって乱暴な振る舞いの限りを尽くしたと次のように記されている。

〝姉君が手ずから作っている田の中に踏み入って、畔をめちゃくちゃにしたり、田に水を注ぎ入れる溝を埋めたり、またその年の新嘗をいただく神聖な御殿に、糞をして廻るというような、狼藉の限りを尽くした〟。

「古事記」の中で、すでに〝新嘗《にいなえ》〟の言葉が使われているもので、天神地祇に収穫を感謝する祭儀は、弥生時代の古くからあったとされている。

弥生時代の古くから、陰暦十一月中旬の卯の日、現在は十一月二十三日、天皇が初穂を天神地祇に奉げ、神饌を共に食べる〝新嘗〟を〝ニヒナメ〟とか〝シンジョウ〟と発音したし、その儀式を

〝新嘗祭〟とか〝新嘗会〟などとも呼んでいたそうだが、今では〝新嘗祭《にいなめさい》〟の発音になっている。

新嘗祭は十一月第二の卯の日を祭日としていたが、明治六年以降は十一月二十三日を祭日と定め、国民の休日とされていた。しかし、先の大戦以後は〝勤労感謝の日〟とされて休日となっているが、皇室では現在でも古代同様に新嘗の祭儀が続いて行われている。

稲作農耕に付随した収穫感謝の儀礼については、「古事記」や「日本書紀」などの古い文献や学者の書いた各種の書籍が多いが、文献学の専門家ではない私には、それがどのように、何のためになされていたのか、神代のできごとのようでなかなか理解できないし、具体的に想像することもできない。

文献学は専門の学者にまかせ、アジア諸民族の生活文化を踏査してきた私にとっては、私が見た現場の様子を紹介した方がよいだろうと思い、中国大陸東南部に住んでいる越系民族（長江下流の江南地方から離散した人々）の末裔が、今でも〝新嘗〟（中国語では〝嘗新〟と表記されている）の祭儀を行っているので、具体例として紹介する。

私は、大学卒業した直後に地球一周の旅に出た。その途中、二十六歳の時、アフリカ南部の国ザンビアでスパイ容疑とかで国境で捕まり、訳も分からないままイソカ刑務所に投獄された。

その獄中で助けを求めて祈ったのが、幼い頃に見た天皇であった。二十日間も投獄されたが、その間、何に対しても助けを求められなかったが、無事に帰国出来たら、日本のために尽くしますと、何度も誓ったのは、幼い時に見た巡行中の昭和天皇であった。

イソカにある裁判所で、判事殿から無罪を言い渡されて、二十日目に放免され、翌年の八月に、約三年間で五大陸の七十二カ国を探訪して、二十七歳の時、無事に帰国できた。

その後、日本の後継者である青少年を健全育成しようと思い、青少年教育の啓発活動を続けると共に、「日本の民族的、文化的源流を求めて」をテーマに、アジア諸民族の生活文化探訪の踏査旅行を続けてきた。

特に一九八〇（昭和五十五）年以降は、中国大陸東南部の稲作文化の諸民族を探訪し、多くの越系民族の末裔たちには、今も新穀（稲穂）を先祖神に供え、共食する〝新嘗〟の儀礼が続いていることを知った。

野生稲は、中国大陸東南部である江南地方の江西省東郷県にあり、稲作農耕は紀元前五、六千年も前に江南地方で始まったものと思われる。浙江省の寧波近くにある河姆渡遺跡には六、七千年も前の炭化籾が大量に出土し、日本に近い舟山群島の白線十字路文化遺跡からも四、五千年前の炭化籾が出土している。中国古代の植物学の祖と言われる神農が、初めて稲を作ったという伝説より二千年も前に江南地方で水稲が栽培されていた。

その江南地方から舟山群島などを経由して、稲作文化をたずさえた越系農耕民が日本列島に渡来し、弥生時代が始まったものとされている。

秦の始皇帝の命を受けた徐福が、不老長寿の仙薬を求めて、三千人の童男童女と共に、中国の山東半島から東海に船出したのは、紀元前二一〇年頃であった。徐福の一行は二度と戻って来なかった。徐福の故郷であった江蘇省蓮雲港近辺の人々は、徐福は日本に渡って王になったという伝説がある。

江南地方から貴州省に移動して、江南稲作文化を今も踏襲している苗族の、「ノウモー」と呼ばれる新嘗祭について記せば、弥生時代の新嘗の意味・内容が分かりやすく、しかもこれから述べる〝大嘗祭〟が理解されやすいだろう。

私が、一九九〇（平成二）年八月二十九日に訪れた、中国貴州省凱里県の苗族の老人パン・ツオンミン（六十八歳）さんは、彼の先祖は江南地方から湖南省を経てやってきたと言っていた。

苗族の「ノウモー」と呼ばれる新嘗祭は、旧暦七月の卯の日から十三日間続き、第二の卯の日に終わる。しかし、実際には三日間だけの行事である。

苗語の「ノウモー」は、「ノンモー」とも発音されるが、「ノウ」も「ノン」も食べるという意味であり、「モー」は十二支の「卯」のことであり、「卯を食べる」となる。しかし、正確には「ノウモーケーキー」なのだそうだ。「ケー」は米、「キー」は新しいを意味するので、「卯の日に新米を食べる」となり、まさに「新嘗祭」を意味する。

この地方の苗族は、旧暦四月の第一卯の日から四十日以内に田植えをし、七月に収穫する。だから、ノウモーの頃は収穫期前の農閑期であり、貯蔵米がなくなるときである。しかし、ノウモー以前に稲を刈り取ってはいけないという。その理由を尋ねると、パン・ツオンミン老人は、次のように答えた。

「私たちのすべては先祖から伝えられたものだ。新しい米が出来れば、まず先祖に感謝してシャンホ（神棚）に備え、食べてもらわなければ収穫することはできない」。もし、それをせずに稲を刈り取ったら、家族に不幸が訪れ、来年は不作になるそうだ。

苗語で十二支を呼ぶとき、〝卯〟以外は「人」を意味する「ダイ」を頭につける。なぜ卯だけはつかないのか尋ねた。

「モーだけは形がないからだよ」

老人はいともたやすく答えてくれた。日本では、「うさぎ」になっているが、苗族は卯の実体がわからないそうだ。

日本の皇室の〝新嘗祭〟も十一月の卯の日である。苗族は新嘗祭を家族ごとにするが、地域全体の行事でもある。今の日本では皇室で行われているが、江南地方から伝来した弥生時代には、苗族と同じように家族や部落・部族ごとに行っていたのかもしれない。

午前中に抜いてシャンホ（神棚）に供える稲穂は、翌年までそのまま保存しなければならないので、種籾にもなる。苗族のノウモーは、稲穂を先祖神に供えて感謝し、それを種籾として保存しておく儀式でもある。

②大嘗祭の起こりと時代背景

昭和六十四（一九八九）年一月七日、第百二十四代の昭和天皇が崩御され、東京の新宿御苑での殯の儀式に参列した。

日本の歴史とも言える天皇制は、何故これだけ長く続いてきたのだろうか。そんな疑問にかられながら、第百二十五代の平成今上天皇が即位して、古来同様に大嘗祭が行われた具体的事実を知った。

天皇が即位後、初めて行う新嘗祭（新穀の米を食べる祭り）を、〝大嘗祭〟と呼び、天皇に即位するには欠かすことのできない、天神地祇の神々と新穀を共食する儀式である。

その大嘗祭は、予め吉凶を占って選ばれた水田・古代日本の中心地であった京都から東の悠紀田と、西の主基田の二か所の田で稲を栽培させて、秋に神饌のための米を奉納させて行われた。

毎年行われる儀式は〝新嘗祭〟なのだが、新しい天皇が即位した最初の新嘗祭を特に「践祚大嘗祭《せんそだいじょうさい》」、すなわち天皇の位につくための新嘗の儀式を「大嘗祭」という名称に限定されるようになっている。

日本の伝統的な祖霊信仰である神道では、先祖の霊は不滅の存在であり、その一部が人や物に宿っている間は、その物や人に生命があると考えられていた。

日本古来の土俗的な民間信仰である神道においては、天皇に即位した人間は亡くなるが民族統合機関としての依り代である天皇は死ぬことはなく、遺伝子のように次々と継続し、天皇に即位する人が代われば、時世も変わることとなっている。

一人の人間が、天皇に即位するために欠かせなかった大嘗祭は、稲作農耕民にとっては、先祖霊の依り代としての新しい天皇を迎える祭礼であり、氏子としての務めを果たす象徴的儀礼であった。

工藤隆著「大嘗祭—天皇制と日本文化の源流」（中公新書）には次のような記述がある。

「〝大嘗祭〟は、天皇位の文化的権威の源の表現なので、法的正当性の表現としての即位の儀とは別次元のものである。すなわち、即位の儀による政治的法的正当性と、大嘗祭という神話、呪術的正当性とが揃うことによって、天皇位継承は完結したことになる」。

いまだに分からぬことが多く、不十分ではあるが、平成三十一（二〇一九）年五月一日には、新しい天皇を迎え、そして、十一月十四日、十五日と大嘗祭が行われることになっているので、大嘗祭の内容や成り立ちについて、文献を調べてみた。

大嘗祭は、第四〇代の天武天皇（在位六七三－六八六）によって始められ、それ以来約一三〇〇年経った今でもほぼ同じ内容で続けられている。その天武期に国名が〝倭〟から「日本」になり、呼び名が〝大王〟から「天皇」に変わった。ここで初めて日本国が誕生し、天皇制を強固たるものとした。いろいろな書物によると、天皇位伝承儀礼という大嘗祭は、天武天皇二（六七三）年十一月に挙行された「大嘗」が祖型で次の持統天皇五（六九一）年十一月に挙行された「大嘗」が、初期の大嘗祭の二回目であったとされている。

天武天皇はなぜ天皇制を強固たるものとしたのかを、当時の日本が置かれた状況を推測すると、次のようになると、田中善積著〝古事記とスピリチュアリズム〟（幻冬舎ルネッサンス新書）に記されている。

「当時の約百年を振り返っても、蘇我氏の暗躍と崇峻天皇暗殺事件（五九二年）、山背大兄王殺害事件（六四三年）、六四五年の大化の改新（蘇我氏滅亡）、壬申の乱（六七二年）、国外では朝鮮半島における白村江の戦い（六六三年）があった。白村江の戦いでは、日本、百済連合軍は、唐・新羅連合軍に惨敗を喫し、水上で壊滅してしまう。その戦いに派遣した兵力は約三万七千人とも言われ、その敗戦による恐怖のようなショックがしばらく日本を覆うことになる。そのため、白村江の敗戦の翌年には、対馬・壱岐・筑紫に防人を置き、水城や山城を各地に急ぎ造っている」。

壬申の乱で勝利した大海人皇子が六七三年に即位して天武天皇になったが、国内では戦乱が続き、皇統が危機にさらされており、中国大陸の唐や朝鮮半島の新羅の圧力に対抗し得るには、強固な日本の建国を急がねばならなかった。

天武天皇が、日本を安定的に治めるにはどのようにすれば良いのか、将来を見据えながら国造りをする上での重要なことを三つ、田中善積は前著の中で次のように記している。

〝まず第一は、国家の頂点に立つべき中心人物を定めること。神であれば、独神《ひとりがみ》で鎮座ましますで良いが、人間の場合は死があるので、制度を作って後世に継いでいく必要がある。さらに、天皇制を安定的に継続させるためには、神と繫ぐ必要がある。

第二は、皇統を確立することである。その観点から、初代から連綿と皇統が繫がっていることを客観的に明らかにすることである。

第三は、「真の権力者」から委任統治システムを作ることである。そして、「真の権力者」を神話によって神と結び付けておけば、不穏な事を考えたり、企んだりする事を排除できる。〟

これらは、天武天皇が、当時の唐や新羅の軍事力に脅威を感じ、日本国の安定を図る国家統治の原理を先進地であった中国大陸から学習したものと思われる。

中国大陸における古代の殷王朝は、紀元前十六世紀に成立して、紀元前十一世紀に滅亡する。この時代の祭祀儀礼は、神への信仰を通して王の宗教的権威を確立するためであった。殷王朝の政治は、「神権政治」と呼ばれるが、それは支配者が神への信仰を利用した政治だったとされている。

落合淳思著「殷―中国史最古の王朝」（中公新書）によると次のように記されている。

〝殷王朝では、軍事力による支配と信仰を介した支配が併用されていた。前者は「物理的な支配」、後者は「精神的な支配」と呼ぶことが出来る。中略

筆者は、殷代の支配構造としてもう一つ、言わば「経済的な支配」と呼ぶべきものがあったと考えている〟。

落合は次のようにも記している。

〝神話上で神々の頂点に立つ存在は、現代の用語で「主神《しゅしん》」と呼ばれる。一般的に言えば、多神教の古代文明では、支配者が主神を祀ったり、主神との血縁を高めることが多い。神話上の神々の関係を現実社会に投影することで、支配を容易にするのである。中略。

殷王は盛んに神々を祀っており、精神的な面から人々を支配していた。王による祭祀は、必ずしも純粋な信仰心から行われたのではなく、王の宗教的権威を確立するという意図を持って実施されていたのである。中略。

殷代において最も重要な宗教的儀礼は、家畜の肩甲骨や亀の甲羅を使った占いである甲骨占卜《こうこつせんぼく》であり、殷王はそれによって王朝の政策を決定していた〟。

殷王朝は、神に頼った政治ではなく、神の名を利用した政治で、自然神や先祖神を盛んに祭り、王の宗教的権威を高めていたとされている。

この殷王朝の文化は、次の周王朝にも引き継がれ、やがて中国大陸におけるその後の、春秋時代や戦国時代、秦や漢、魏、蜀、呉、そして隋や唐などの諸王朝に引き継がれて中国大陸文化となった。そして、唐時代に日本にも伝えられた。特に甲骨占卜は、東アジアに広く普及し、日本では現在でも皇室行事の大嘗祭における斎田地域を決める卜骨《ぼっこつ》による占卜儀礼として受け継がれている。

天武天皇は、こうした古代中国大陸で起こった宗教的儀礼を取り入れて、皇統を確立する方法として、大嘗祭や天照大神を祭神とする伊勢神宮を頂点とする神社信仰を考案したものと思われる。

田中善積は前著で次のように記している。

〝天武天皇は伊勢神宮の式年遷宮を定める東と西にそれぞれ同じ広さの敷地を用意し、二十年ごとに同じ形の社殿を造り替えるのである。第一回目の遷宮が持統天皇の時（六九〇年）に行われ、それ以来現在まで続いているのだが、そこには陽と陰のメッセージが込められている。内宮には天照大神を祀ったので陽、外宮には豊受大御神を祀ったので陰となる。中略。

さらに天武天皇は法相宗の寺として薬師寺を建立している（六八〇年）。あわせて各家庭で仏壇を祀ることを説いている。以来日本人は、遠い先祖を神として祀り、近い先祖を佛として拝むようになるのだが……〃。

日本の天皇は、欧米の王や司祭と違って、政治的権力者の立場だけではなく、先祖霊の依り代であり、天照大神への尊崇を中心とする民族的象徴であり、先祖、親のような存在になっている。

このように、古代の中国大陸で起こった精神的支配の方法を取り入れ、それに弥生時代から続く稲作文化としての新嘗祭と、食料としての稲を利用した経済的支配を合わせて、日本独自な統制機関としての天皇制を確立し、安定・継続する手段として〝大嘗祭〟が考案されたものと思われる。

③大嘗祭と伊勢神宮

日本の文化的、社会的特徴であり、日本国のアイデンティティとも言える天皇制は、第四十代の天武天皇が始めた、又は考案されたとされている〝大嘗祭〟によって確立されたと思われている。その大嘗祭とは、天皇が即位後、初めて大嘗宮において悠紀主基両地方の斎田からの新穀を、皇祖及び天神地祇にお供えし、みずからも食べて共食して、皇祖及び天神地祇に対して、国家・国民の安寧と五穀豊穣などを祈念する儀式である。

天武天皇が、弥生時代から続いていた稲作儀礼としての新嘗祭を、即位した天皇が神格を得る天皇位継承儀礼として、大嘗祭という特殊な呪術的儀礼に構成したとされている。そして、天皇即位の際の即位礼とは別に、民としての稲作農耕民に知らしめ、替意を得る手段として、神話的、呪術的祭礼である大嘗祭が必須の儀礼とされるようになった。

天皇が即位するための稲作儀礼である祭事を、〝践祚大嘗祭《せんそだいじょうさい》〟と呼ぶが、皇室のいろいろな祭礼儀式の中で最も大事な「大祀」として扱われる最重要祭祀である。江南稲作農耕民の文化的特徴には、自然界のあらゆるものに超越的、霊的な力を感じ取る神話的観念（アニミズム）による信仰心があり、呪術的神話世界観があった。日本の弥生期における稲作文化にもその神話的観念が取り入れられたものと思われる。

天皇即位に必須の大嘗祭は、神話と呪術に彩られているが、天皇家の氏神である天照大神を祀っている伊勢神宮も、江南稲作文化圏に多い、姉弟始祖神話に属するものである。

中国東南部にある広西壮族自治区融水県の苗族には、古事記に記されている、伊邪那岐《いざなぎ》と伊邪那美《いざなみ》の子である〝天照大神〟と〝須佐之男命〟に類似する姉弟二神による稲作起源伝説がある。

〝昔々、天に姉弟二人の神様がいました。ある日、姉は弟に言いました。「地上に降りて人間と一緒に生活し、ともに働いて彼らを治めなさい」

弟は姉の指示に従って地上に降り、人間とともに暮らしながらよく働きました。しかし、稲がなく、他の穀物も十分ではなかったので、いつも食物に困っていました。そこで、弟は、天に戻って姉に伝えました。「地上には稲がなく、食物に困っております」「なにも困ることはありません。春になったら、私が稲の種を天から蒔いてあげますので、地上に戻って大地をよく耕して待っていなさい」姉はそう言って、弟を再び地上に帰しました。弟は地上に戻ると、人間と一緒に大地を耕しました。そして春になると、大地に籾が芽を出し、稲が生長しました。秋にはたくさんの米を収穫することができました。それ以来、人々は稲を栽培し続けているのです〟。

以上が、越系民族の末裔である稲作農耕民苗族の、神話的伝説として語り継がれている。

古来の新嘗祭は、毎年行われる祭礼だが、天皇が即位して最初の新嘗、すなわち天皇の一代に一度の大規模な〝新嘗〟を〝大嘗〟とし、〝大嘗会〟とされていたのだが、第五十六代の清和天皇（八五九年）のときに〝大嘗祭〟という表記で登場し、以後、〝大嘗祭〟という名称が正式になったとされている。

大嘗祭は、弥生時代以来の新嘗の祭りであり、収穫祭である。新天皇が大嘗殿の中でいろいろな呪術的儀礼を行うことは、神社における宮司と同じような役目を果たしていることになる。

吉野裕子著「大嘗祭—天皇即位式の構造」（弘文堂）では次のように述べている。

〝大嘗祭は新嘗の祭、つまり収穫祭であると同時に天皇の即位の儀式でもある。天皇は祭政を統べられるから、大嘗祭は本土における最高神官の即位式とみることが可能である。〟

天皇は、祭政一致の王権の頂点にいる存在で、神話、呪術世界の最高神官、すなわち、日本の諸神社の頂点である伊勢神宮の宮司だと言っている。

工藤隆著「大嘗祭—天皇制と日本文化—」（中公新書）では次のように述べている。

〝大嘗殿の中での具体的な式次第の多くの部分は、伊勢神宮を参考にしたものだろうと考えている。そのうえで私の立場は、その政治的儀礼の部分は即位の儀のほうに集中させ、その即位の儀の後に挙行される大嘗祭では「新嘗の祭、つまり収穫祭」の要素を含み込んで形成された点、すなわち弥生時代以来のニイナメの呪術的儀礼の部分をいくぶんでも継承しようとした点にこそ、現代社会にまで通用する価値があるとするものである。この新嘗の祭、つまり収穫祭こそが、縄文・弥生時代以来の、アニミズム化のアイデンティティにかかわる部分なのである。〃

大嘗祭の儀式が行われる大嘗殿の中には、悠紀殿と主基殿の建物が作られている、これは江南地方の越系民族の末裔たちの穀物倉の伝統と共通した、弥生時代以来の高床式穀物倉庫の伝統を継承しているが、伊勢神宮の内宮、外宮の正殿にならって造ったとされている。

伊勢神宮の式年遷宮が始まったのも天武天皇時代で、最初の二十年毎の遷宮は、次の持統天皇のときであった。

大嘗殿の中で神に神饌《しんせん》を捧げるという天皇の行為は、神社の神主と変わらないようだが、天神地祇や天照大神を奉って、天皇みずから神饌をすすめる、一代に一度の重要な行事である。

天皇家の先祖とされている天照大神を祭る伊勢神宮を、日本各地にある神社体系の頂点に据える祭祀としての大嘗祭は、天照大神を神社信仰の神道における氏神とし、各神社の氏子は、伊勢神宮の氏子にもなるように統制する手段でもあったようだ。

天皇氏族の氏神である天照大神を祭る伊勢神宮の祭りを、神社体系の頂点に据えている天皇位継承儀礼の大嘗祭は、稲という穀物の豊かな稔りを感謝する祭りで、食料確保を祝う呪術的儀礼でもあった。

④権威と権力の二重構造

紀元三世紀頃に成立した「大和王朝」は、豪族間の権力闘争が激しく、まだ中央集権的な国家体制は整わず、不安定な王権時代であった。

五世紀頃の古墳時代には、「倭の五王」と呼ばれるように五王が並び立ち、まだ統合された国家ではなかったが、この頃から中国大陸や朝鮮半島から文化の流入や人の渡来が始まり、漢字が使用されるようになり、大陸の影響を徐々に受けるようになった。

六世紀初めは儒教が、やがて仏教が朝鮮半島の百済から伝来し、中頃には仏教が公伝され始めた。中国大陸では紀元五八一年には隋が建国され、六〇七年には小野妹子が隋へ出発し、中国大陸の影響を一層強く受けるようになった。

七世紀初めの六一七年には唐が建国され、徐々に勢力を拡大し、朝鮮半島を新羅と二分するようになって、律令国家の大きな世界帝国となった唐の影響力が一層強くなり、周辺国の日本へ襲来しそうになった。そして、六三〇年には第一回の遣唐使が日本を出発。六四五年には、唐が高句麗を侵略したので、大和王朝での危機感が一層高まり、天皇中心の強固な国家をつくる必要に迫られていた。六六三年には大和政権が朝鮮半島の百済に兵を派遣し、白村江の戦いで、唐と新羅の連合軍に敗北したので、国際的には不安な状態が続いていた。

大和王朝は、国際的に緊迫した情勢であったが、国内的にも不安定で王権は確立されておらず、継承も兄弟、子ども、妻などと不規則であった。紀元五九二年には蘇我氏の暗躍による崇峻天皇暗殺事件があり、六四三年には山背大兄王《やましろのおおえのおう》殺害事件があった。そして、六四五年には、中大兄皇子《なかのおおえのおうじ》（のちの天智天皇）と中臣鎌足によって蘇我入鹿が太極殿にて暗殺されることによって大化の改新がなされた。

天智天皇は、はじめ弟の大海人皇子《おおあまのみこ》（のちの天武天皇）を皇太子としていたが、やがて息子の大友皇子を皇位継承者としたので、大海人皇子は吉野へ退いた。天智天皇死後二人の対立が表面化し、六七二年に大海人皇子は美濃に行って兵を挙げ、近江にいた大友皇子を攻めて敗死させた。これが壬申の乱である。

壬申の乱によって家柄を誇る保守的な中央豪族の勢力を駆逐したことにもなり、改新政治が急速に進展し、天皇の権威が飛躍的に高められることになり、次第に律令体制に近づいたとされている。

壬申の乱で勝った大海人皇子は、六七三年に即位して天武天皇となった。天皇は公地公民制を徹底し、旧豪族の上位者を下位とし、皇族と天皇に近い豪族を上位とする〝八色《やぐさ》の姓〟を制定して、皇親を中心とする新しい身分秩序を形成していった。

天武天皇は、天皇を中心とする強い国家体制をつくると同時に、天皇の権力を歴史的にも理念的にも基礎づけようとし、六八九年には国史の編纂を始めた（後の七一二年に古事記が発行される）。

こうした国際的、国内的情勢の中で天皇に即位した天武天皇は、国を安定的に治めるためにどうすればよいのかを考え、物事を見据えてまず、〝ヤマト〟から国名を「日本」とし、〝大王〟の名称を「天皇」にした。そして、国家の頂点に立つべき中心人物を定め、受け継がせていくためには、神と繋ぐ必要があった。人間は死があるが、神であれば鎮座するだけでよい。人間天皇の正当性を認めさせ、世の中を治めるためには、歴代天皇が初代から連綿と繋がっていることを明らかにすることである。

しかし、権力と権威が一体化すると盤石な体制だが、一度失政があると、民衆はそれを打ち倒す目標にする。権力と権威を分離しておくと、失政の不満は権力者に向き、権威者に不満は及ばない。つまり、失政があろうがなかろうが、国家は安泰に続く。

中国大陸における古代の殷王朝に始まったとされる、軍事力による「物理的な支配」と信仰を介した「精神的な支配」による政治体制を、唐から学んだであろう天武天皇は、それに加え、食料としての稲、米による「経済的な支配」を、弥生時代以来続いていた新嘗会を活用した〝大嘗祭〟によって成立させようとした。

天武天皇は、天皇が主神（天照大神）を祭り、主神との血縁を高めて宗教的権威を確立しようと、伊勢神宮を神社体系の頂点にした。

天武天皇は、旧豪族の上位者を下位とし、皇族と天皇に近い豪族を上位とする〝八色の姓〟を制定し、皇族を中心とする新しい政治体制を形成した。そして、大嘗祭という儀礼を取り入れて皇統を確立し、天皇の神格化を強め、政治の実権は周囲の皇族が担うようになった。

こうして、天武天皇が始めた大嘗祭によって徐々に権威と権力が二分化するきっかけとなり、やがて中国大陸や欧米とは違った、日本独自の二重構造社会が確立されるようになった。

権威を担う天皇は、皇位継承に必要な帝王学の修養や君徳の涵養がなされ、天皇としての能力が培われることによる正統な品位、徳が要求された。そのため、天皇制の早い段階で、権力闘争はあっても、権威を脅かさないとする国民的、民族的発想が培われていた。

七世紀末以後、天皇の神格化が確立され、十二世紀後半の武士階級が胎動することに依って、具体的、現実的な二重構造社会へと続くことになる。そのため鎌倉時代や室町時代の武士、頭領にしても、織田信長や豊臣秀吉、徳川家康にしても、天皇から征夷大将軍に任ぜられて権力の後ろ盾とし、誰も自ら天皇になろうとはしなかった。そして、今日の民主主義社会日本国においても、総理大臣や各大臣は天皇の任命によることになっている。

(2)日本統合の戦略的大嘗祭

①食料（米）支配の儀式

人類は、古代より食べ物を採ったり、栽培したり、保存したり、料理することによって自然環境に適応した生活文化を培い、それを子々孫々に伝えてきた。つまり、農業は食料を生産するだけではなく、生命あるものを育み、収穫し、料理して食べることによって感性を培い、しかもそれらを伝える機会と場であった。

水田稲作は、縄文時代晩期に伝来し、弥生時代に広がったとされている。日本は、水田を中心に集落ができ、稲作によって人が定住し、発展してきた。

日本は南北に長い列島国で雨が多い。日本の大地で古代から栽培されてきた作物は、稲や麦・粟・稗・豆等の五穀であったが、中でも厭地性の少ない稲は、日本の自然環境に適応し、弥生時代から何百、何千年間も同じ田圃で栽培され続けてきた。そのため、人々は定住することができ、世間としての絆の強い村社会を形成し、一種の生活共同体のようになっていた。

稲は奈良、平安時代から千三百年以上もの長い間にわたって日本人を束ね、食生活文化を豊かにし続けてきた。極論すれば、稲が日本人を定住させ、日本人たらしめてきた。そして、七世紀末後の大嘗祭が天照大神を祖とする天皇制を維持、継続させてきたとも言える。

日本人にとって最も大事な食料である米は、稲草の実。その実（穀粒）を籾と呼んでいる。稲草の実は穂状になっており、一つの穂に五十～八十粒の籾がついている。その年初めて実った稲の穂を、神仏に供えたものを〝初穂〟と呼んでいる。

稲を刈り取る前に、穂を抜き取ることを〝抜穂《ぬきほ》〟と呼び神仏に捧げるが、刈り取った稲の穂から穀粒である実を取り去ることを〝脱穀〟と呼ぶ。脱穀した実である籾から籾殻を取り去った米を〝玄米〟と呼び、玄米の表皮を取り去って精米した米を〝白米〟と呼ぶ。私たちが普段炊いたり、蒸して食べる米は白米である。

その米の成分は、澱粉が八割近くを占める。澱粉に含まれる成分のアミロースが米の硬さやぱさつきを左右し、アミロペクチンが粘りや歯ごたえに影響する。この二つの成分のバランスによって、米のおいしさが決まるそうだ。

人間にとって重要な三大栄養素は、タンパク質、脂肪、炭水化物であるが、中でも炭水化物は体を動かすエネルギー源になる。米は、タンパク質や食物繊維などを含む炭水化物が八割近くもあり、健康管理や活力向上にとって、大変重要な食べ物なのである。

稲は多年草だが、毎年定期的に晩春に苗を植えては秋に刈り取るので、日本人にとって最も身近にある植物であった。そして、稲作農業の生産過程の種籾、代掻、苗代、田植え、青田、黄金色の稲穂、稲刈り、稲掛け、脱穀、わらぐろ、切り株田等の風景や仕事からは、巡りめく季節感や年中行事、祭り等が発達し、今日もまだ続けられている。

主食であった米は、炊いたり蒸して食べられるだけではなく、餅、団子、煎餅等にしても食べられたり、酒・焼酎・酢等の原料にも使われた。稲わらでは、莚、ふご、草履、わらじ、わら縄、畳、わら沓、俵、わら箒《ほうき》等、多くのものが作られてきた。それればかりか、抽象的な精神世界にまで影響し、価値観、生活態度、思想、礼儀、行儀作法等にもかかわり、神祭りとしても重要なものであった。

この稲草は、もともと日本にあったものではない。私が知る限り、野生稲があるのは、中国大陸の江南地方、今日の浙江省東北部の東郷県である。

水田稲作農耕の起源は、中国大陸東南部にある長江（揚子江）下流の江南地方だとされている。江南地方である浙江省寧波の近くには、六、七千年前の河姆渡遺跡があり、この遺跡から多くの炭化籾が発掘されている。そして、日本に近い舟山群島の中の舟山島にある白線十字路稲作文化遺跡からは、約五千年前の炭化籾が発掘されている。

はるかなる古代に、中国大陸の江南地方で発生した水田稲作農耕文化が、越系民族によって培われてきたが、戦乱がたえない内陸の民族が、江南地方へ侵入することによって、紀元前四、三世紀頃から越系民族が離散するようになったとされている。その一部の人々が、稲作文化をたずさえて日本列島の南部に渡ってくることによって、稲作文化を中心とする弥生時代が始まったとされている。

稲作文化の発祥地が何処であろうと、もう二千年以上も日本の生活文化として土着化しているし、稲の実である米は日本人の主食であり、食文化の中心的食材である。

七世紀末の天武天皇は、緊迫した世界情勢や不安定な国内の政情に想いを馳せ、しっかりした国体を形成する手段として、この食料としての米の価値を応用して、大嘗祭を考案したのだろう。

人間は何のために生きているのだろうかという、永遠の疑問があるが、何はともあれ生きるためには食料が必要である。大嘗祭は、食料である米を天皇の管轄下に入るようにする儀礼でもある。

弥生時代からの新嘗祭は毎年行われている祭礼で、その年に収穫した米を各地から奉納させて神に供える収穫祭だが、大嘗祭は卜占によって決められた東と西の二か所の斎田で栽培された神聖な米によって、米と天皇と神を結ぶ一代一度の儀礼としての大祭である。

天武天皇は、大嘗祭によって、宗教という精神的な支配による天皇の神格化を確立し、食料である米を確保して国家の安寧・継続を図ろうとしたので、米なくして大嘗祭はなかったし、天皇制も継続しなかったのだろう。

②日の出と日没地からの供納米

大嘗祭における斎田は、明治以降は明確な行事として行われ、毎代の各地にその痕跡を見ることが出来るが、江戸時代以前は天皇が力を失っていた醍醐天皇（八九七年）から幕末の孝明天皇（一八四六年）までの約千年間は、斎田が毎代移動していたのか、固定されていたのかよく分かってはいない。明治以前は、悠紀斎田が近江（滋賀県）、主基斎田が丹波（京都府）付近と吉備の備中（岡山県）にあったようだが、それがどこだったのかも分かっていない。

新しい天皇が即位するためには、法的な即位式と神話、呪術的な大嘗祭を行うことによって、初めて天皇位継承が完結することになる。

ここでは即位式の儀については専門家に任せ、大嘗祭について、文化人類学や民族学的見地から、農耕民の天皇に対する稲作儀礼として概略を述べてきた。

大嘗祭は、新しい天皇が天神地祇に新穀を供え、共に新穀を食べる儀式だが、工藤隆は前著で次のように記している。

〝「大嘗《おおなめ》」とは、天皇が「新穀」を食べるとともに、「神祇」にも新穀を供え、朝には相嘗祭として「諸神」に、夕には「至尊（天照大神）」に供える祭りだというのであり、このような解釈が平安時代初期にはほぼ定着していたものと思われる。中略。大嘗祭は、大宝律令の国家祭祀群（神祇令《じんぎりょう》）の中の頂点に位置する祭祀である。〟

大嘗祭にとって最も重要な物は米である。その米を作る地域（東の悠紀、西の主基）は、亀の甲を焼く亀卜《きぼく》で占って卜定《ぼくじょう》（選定）する。

年毎に行われる新嘗祭では、不特定多数の地方から奉納される米が使われるが、天皇の一代に一度の大嘗祭の米は、卜定された東西二地域の神聖な米しか使われない。

弥生時代からの新嘗祭は、各地から奉納される米を使うのに、大嘗祭は何故に卜定された東西の二か所だけの米でなければならないのか。いろいろな文献を見ても詳しくは記述されていないし、よく理解できない。

稲作農耕民の自然崇拝的な神話、呪術性から洞察すると、作物にとって最も大事な太陽は、東に昇って西に沈む物理的原理から、日中は「お天道様が見ている」と人を善へ導く摂理が生じ、心理的作用によって絶対的真理となる。太陽の化身ともされている天照大神を祖霊神とする天皇にとって、太陽の物理的原理に従うことが、存在価値を高めることであり、民衆を納得させることでもあった。

太陽の昇る東と、沈む西の地方二か所から神聖な米が奉納されて、天皇自らがお天道様の太陽神（天照大神）を天からおろし奉り、共に新穀を食べ、稲魂に感謝することは、古代から変わることのない自然現象にかなった行為であり、自然神を敬う農耕民には、理屈抜きで単純に認められやすい。

伊勢神宮では、今も九月の「神嘗の祭《かむにえ》」すなわち神嘗祭《かんなめさい》、十月には「相嘗祭」、そして十一月に「新嘗祭」が行われている。これらは、年中行事としての稲の収穫儀礼であり、食料としての米を確保しようとする呪術的儀礼で、稲魂に感謝していることである。

工藤によると、折口信夫は、天皇の身体を「天皇霊」を移し入れる「容《い》れ物」であると考え、次のように記しているとしている。

〝昔は、天子様の御身体は、魂の容れ物であると考えられていた。天子様の御身体の事をすめみまのみことと申し上げて居た。（中略）此のすめみまの命に、天皇霊が這入って、そこで、天子様はえらい御方となられるのである。〟

いずれにしても、稲と天皇と天照大神が一体化する祭事が大嘗祭であり、日本の生活文化の根源である稲作儀礼の行事を、日本統合の手段として取り入れたものである。

大嘗祭のために稲を栽培した悠紀斎田と主基斎田の農耕民の賛同と奉仕的精神がなければ、とうてい成立しない行事なのだが、主権在民の時代ではなかったので、民の立場についてはあまり記録がない。

しかし、天皇は、民のことを「大御宝《おおみたから》」とし、「天皇の田を耕す族《やから》」としていたとされている。

③神社信仰と氏子の務め

動物はすべて食物を得るために動く。人類はその行為を働くとしている。狩猟採集にしろ、栽培にしろ、牧畜にしろ、全てが食料確保のための活動、労働である。文明的に発展した今日のサラリーマン稼業も、食物を得る対価である給料、金を得るための労働である。

古代から親が子どもを教育するとは、食物確保の仕方（仕事の仕方）と生活の仕方（生活力）の生活文化を伝えることであったが、今日の教育は学校による仕事の仕方（受験用の知識）を教えることが中心で、生活の仕方は抜け落ちている。

江戸時代までの日本は、貨幣による間接経済活動ではなく、物、米を得る直接経済活動で、対価は米の糧によってなされていた。

主権在民であろうがなかろうが、いつの時代も人間は食物がなくては生きられない。生活に余裕ができると生きるために食べるのか、働くために生きるのかなどと理屈を考えるが、本来は生きるために食べるのである。食べなければ文句なく死んでしまうので考える必要などない。

人が人を支配し、働かせるのに最も大きな力は権力や権威よりも食物であることは、古代の弥生時代から明白な事実であった。

しかし、人間には理性や感性による、心理作用があるので、単純ではない。時には理性が物欲に勝って反抗したり、死を選ぶことさえある。しかも集団になると一層複雑で、一筋縄で縛ることはできない。集団の上に立つ者、リーダー、権力者は、そのことに古代から悩まされていた。

例え権力や権威があったとしても、それだけでは集団を長くまとめ、統制するのには十分ではない。最も重要なのが食料である。

稲を栽培する水田があっても、海に魚がいても、山に木が生えていても、働く人がいなければ何の役にも立たない。人が逃げないように、離散しないようにするには、権力という檻に囲っているよりも、権威による心理的支配よりも、食料である米によることが最も効果的で大事なのである。しかし、何より人・人民がいないことには何の役にも立たない。

田中善積著『『古事記』とスピリチュアリズム』には、〝「おおみたから」が統治の鍵を握る〟として次のように記述している。

〝初代神武天皇が即位した際の詔が『日本書記（坂本太郎・家永三郎・井上光貞・大野善）』に載っている。その一節に「それ大人《だいじん》の制を立て、義《ことわり》必ず時に従う。いやしくも民《おおみたから》に利有らば何人ぞ聖造《ひじりのわざ》にたがわん」という文言がある。およそその意味は、聖人と言われるような人は、その時々の状況に合わせて制度や決まりを作るものである、ということになろうか。権利という概念が全くない時であるが、制度やきまりをどうするかは、あくまでも民衆の立場に立って考えるものだ、ということを言っている。中略。「元元」「民」「百姓」「大御宝」。これらはすべて「おおみたから」と読む。語源を掘っていくと、「天皇の田《おおみた》を耕す輩・族《やから》」から始まって、後世に天皇の国民に対する慈愛の意味を込めて「大御宝」と書き表すようになった、とのことである。〟

また、田中は同じ著書の中で『日本書記』に次のような記述があるとしている。

〝君は百姓をもって本とする。かつての聖王は、一人でも飢えたならば自らを責めたという。百姓が貧しければ、朕も貧しい。百姓が富めば、朕も富む」と仁徳天皇が言ったとの記述がある。その際に天皇は百姓のことを「おおみたから」と言っている。〟

大嘗祭を始めたとする天武天皇以降、天皇は権力者として表舞台に立つことはあまりなかった。権威と権力が一体化した中国大陸や欧州やロシアの皇帝又は王は、民衆の不満によって打倒される目標になったが、日本の天皇制は、人類史のなかでは唯一千三百年以上も続いている。その要因のひとつが大嘗祭であった。

大嘗祭は食料である米を占定された二か所で栽培させて奉納させているが、奉納した農民は、大変な役目を背負って奮起し、天皇、公に対する奉仕精神に燃え、生きがいとなっていた。

洋の東西を問わず、宗教とされている信仰心には狂気性があり、祖国・民族・公共等のために尽くすことは、日常生活における存在感を高め、漫然とした空白感を満たすことでもある。

人は特別な使命を負わされることによって、自負心と責任感が強くなり、向上心が高まる動物であるが、大嘗祭における東の悠紀斎田、西の主基斎田者としての使命は、その心理作用をうまく利用した、抵抗を感じることの弱い心理的支配でもある。

皇室の先祖とされている天照大神を祭神とする伊勢神宮を、八万以上もある日本の神社体系の頂点とする、土俗的な宗教である神道は、精霊・祖霊を崇める自然崇拝で、地域の人々の大半が、その霊の宿る神社の氏子になっている。

それは、稲という食料を介して、農耕民である民衆と大嘗祭を司る天皇と、天皇の先祖である天照大神を結びつける絶対的な方法であり、農耕民でもある庶民を伊勢神宮の氏子にして、日本人社会を家族化、統合する、大きくて永遠な戦略でもあった。

　稲作文化を中心としてきた日本人にとっての大嘗祭は、人間が先祖であり神である天皇に即位する大事な儀式であり、新しい神を迎えることができた安心感、心の保障を確認する行事でもあった。ここでの天皇は一人の人間ではなく、日本人を束ねる統治機関としての象徴的存在であり、万世一系の規則によって、王冠や王衣のような、身に着ける人が変わっても変わることのないものである。そしていかなる人が天皇に即位しても天皇は天照大神の孫なのである。

　一人の人間が天皇に即位するために欠かすことのできない儀式である大嘗祭に、東の悠紀田西の主基田で栽培された稲草の実、米が必ず供納されて神饌に供されたのは、稲作農耕民の先祖神としての新しい天皇を迎える祭礼における、氏子としての役目を果たすことでもあった。

　それが良いことか悪いことかなどと理屈を考えることは、現代人の知的遊びになりがちだ。日本人の多くは、流れる時の中で生きることの喜びを実感できる、氏子としての意義があれは良いのである。何よりも、理屈や批判のつけ難い、実に長い、長い時が流れ、今の日本がある。時は川の水のように流れ去るが、川は変わることなく存在するごとく、天皇になる人と共に時代は流転しても、日本国は変わりなく存在し続けてきた。

　私は、この半世紀もの間世界各国を探訪し、人間の生きざま、社会生活の在り方、生きる喜び、宗教など、様々なことを観、体験してきた。日本は、世界の中で最も歴史の長い珍しい国だ。

　我々人間は、経済活動のために生きているのではなく、日常生活を安心、安全に過ごすために働いている。経済活動はよりよく生きるための手段ではあるが、目的化すると人間疎外感や差別を強くし、社会生活を破壊しがちになる。

四国西端の農家に生まれ、幼い頃から祭りや年中行事などの稲作文化に馴れ親しんでいた私が、世界のあり様を知れば知るほど日本国が愛おしくなり、自然が豊かで統合された日本をもっと良くしたい、良くなってほしい思いが一層強くなって、天皇制を支えてきた大嘗祭の斎田地を訪ねたのだが、そこでは、地域の発達、発展に貢献した神聖な行事としての思いが、今も脈々と続いており、天皇へのあたたかい眼差しを感じた。

日本は周囲を海に囲まれた列島国であるが、天皇という統制機関の下で千三百年以上もの時が流れ、一億二千六百万人以上もの国民は、米という食料を中心とする生活文化に馴れ親しんでいるので、天皇制という国体を今日まで維持、継続させてきた大嘗祭の理念は、いかなる国の主義、思想、宗教よりも日本の大地に於いては、理にかなっていたことであったと思われる。

参考文献

「大嘗祭―天皇制と日本文化の源流―」 工藤隆 著 中公新書
「殷―中国史上最古の王朝―」 落合淳思 著 中公新書
「周―理想化された古代王朝―」 佐藤信弥 著 中公新書
「歴代天皇総覧」 笠原英彦 著 中公新書
「応仁の乱」 呉座勇一 著 中公新書
「神話で読みとく古代日本」 松本直樹 著 ちくま書書
「神道・儒教・仏教」 森和也 著 ちくま新書
「天皇諡号《しごう》が語る古代史の真相」 関祐二 監修 祥伝社新書
「神社が語る古代十二氏族の正体」 関祐二 著 祥伝社新書
「ヤマト王権」 吉村武彦 著 岩波新書
「国体論」 白井聡 著 集英社新書
「『古事記』とスピリチュアリズム」 田中善積 著 幻冬舎ルネッサンス新書
「なぜ八幡神社が日本でいちばん多いのか」 島田裕己 著 幻冬新書
「皇位継承」増補改訂版 高橋紘/所功 著 文春新書
「天皇家のお葬式」 大角修 著 講談社現代新書
「日本のシャーマニズム」 堀一郎 著 講談社現代新書
「神と祭りと日本人」 牧田茂 著 講談社現代新書

「大嘗祭 ―天皇即位式の構造」　吉野裕子 著　弘文堂
「道教と日本人」　下山積與 著　講談社現代新書
「出雲神話」　松前 健 書　講談社現代新書
「日本の神々」　平野仁啓 著　講談社現代新書
「伊勢と出雲」　岡谷公二 著　平凡社新書
「神道はなぜ教えがないのか」　島田裕己 著　ベスト新書
「稲とはどんな植物か」　佐藤洋一郎 著　三一新書
「日本史　古代、中世、近世（教養編）」　東洋経済
「世界史」　祝田秀全 監修　朝日新聞出版
「『倭人』の源流を求めて」　森田勇造 著　講談社
「江南紀行」　森田勇造 著　東京図書出版
「アジア稲作文化紀行」　森田勇造 著　雄山閣出版
「アジア大踏査行」　森田勇造 著　日本文芸社
「写真で見るアジアの少数民族」東アジア編　森田勇造 著　三和書籍
「写真で見るアジアの少数民族」東南アジア編　森田勇造 著　三和書籍

【著者】

森田勇造（もりた　ゆうぞう）

昭和15年高知県宿毛市生まれ。

昭和39年以来、世界（142カ国）の諸民族の生活文化を踏査し続ける。同時に野外文化教育の研究と啓発、実践に努め、青少年の健全育成活動も続ける。元国立信州高遠少年自然の家所長。元国立大学法人東京学芸大学客員教授、現在、公益社団法人青少年交友協会理事長、野外文化研究所所長、野外文化教育学会顧問、博士（学術）、民族研究家、旅行作家、民族写真家。


〈主要著書〉

『これが世界の人間だ―何でもやってやろう―』（青春出版社）昭和43年、『未来の国オーストラリア』（講談社）昭和45年、『日本人の源流を求めて』（講談社）昭和48年、『遥かなるキリマンジャロ』（栄光出版社）昭和52年、『世界再発見の旅』（旺文社）昭和52年、『わが友、騎馬民』（学研）昭和53年、『日本人の源流』（冬樹社）昭和55年、『シルクロードに生きる』（学研）昭和57年、『「倭人」の源流を求めて』（講談社）昭和57年、『秘境ナガ高地探検記』（東京新聞社）昭和59年、『チンギス・ハンの末裔たち』（講談社）昭和61年、『アジア大踏査行』（日本文芸社）昭和62年、『天葬への旅』（原書房）平成3年、『ユーラシア二一世紀の旅』（角川書店）平成6年、『アジア稲作文化紀行』（雄山閣）平成13年、『地球を歩きながら考えた』（原書房）平成16年、『野外文化教育としての体験活動―野外文化人のすすめ―』（三和書籍）平成22年、『写真で見るアジアの少数民族』Ⅰ～Ⅴ（三和書籍）平成23年～24年、『逞しく生きよう』（原書房）平成25年、『ガンコ親父の教育論―折れない子どもの育て方―』（三和書籍）平成26年、『ビルマ・インパール前線　帰らざる者への追憶―ベトナムからミャンマー西北部への紀行―』（三和書籍）平成27年、『日本人が気づかない心のDNA－母系的社会の道徳心－』（三和書籍）平成29年、『私がなぜ旅行作家になったか』（幻冬舎）平成30年。「チンドウィン川紀行－インパール作戦の残像－」（三和書籍）平成30年。

大嘗祭の起こりと神社信仰
―大嘗祭の悠紀・主基斎田地を訪ねて―

2019年　4月　25日　　第1版第1刷発行

著　者　　森　田　勇　造

発行者　　高　橋　　考
発行所　　三　和　書　籍
〒112-0013　東京都文京区音羽2-2-2
TEL 03-5395-4630　FAX 03-5395-4632
sanwa@sanwa-co.com
http://www.sanwa-co.com

印刷所／中央精版印刷株式会社

乱丁、落丁本はお取り替えいたします。価格はカバーに表示してあります。

ISBN978-4-86251-377-9　C0039